Tartuffe

BY RICHARD WILBUR

The Beautiful Changes and Other Poems

Ceremony and Other Poems

A Bestiary (editor, with Alexander Calder)

Molière's *The Misanthrope* (translator)

Things of This World

Poems 1943—1958

Candide (with Lillian Hellman)

Poe: Complete Poems (editor)

Advice to a Prophet and Other Poems

Molière's *The Misanthrope* and *Tartuffe* (translator)

The Poems of Richard Wilbur

Loudmouse (for children)

Shakespeare: Poems (co-editor, with Alfred Harbage)

Walking to Sleep: New Poems and Translations

Molière's *The School for Wives* (translator)

Opposites (for children and others)

The Mind-Reader: New Poems

Responses: Prose Pieces: 1948—1976

Molière's *The Learned Ladies* (translator)

Seven Poems

The Whale & Other Uncollected Translations

Molière: Four Comedies (translator)

Racine's *Andromache* (translator)

Racine's *Phaedra* (translator)

New and Collected Poems

More Opposites

Molière's *The School for Husbands* and *Sganarelle*, or
The Imaginary Cuckold (translator)

Molière's *Amphitryon* (translator)

Molière

Tartuffe

A Comedy in Five Acts

BILINGUAL EDITION

Translated into English verse by
Richard Wilbur

Harcourt Brace & Company
NEW YORK   SAN DIEGO   LONDON

For my brother Lawrence

The text was set in Spectrum.
Designed by Lori McThomas Buley
Printed in the United States of America
A B C D E

A Note to the Bilingual Edition

GLANCING FROM PAGE to page, the reader of this edition will soon see what kind of faithfulness my translation aspired to. It did not attempt a word-for-word rendition, because that approach simply doesn't work, making as it does for a hybrid, unnatural language. Nor did I always render the original in a tidy line-by-line fashion—though, as it happens, the English version has the same number of lines as the French. What the translation did aim at was accuracy of tone, equivalence of form, and—as one reviewer put it in 1963—a "thought for thought fidelity." Though my translation never strays far from Molière's literal meaning, there are a few moments at which it asserts the priority of thought over word. In the twelfth line of the play, for example, Madame Pernelle says that her daughter-in-law's household is "tout justement la cour du roi Pétaut." It would have taken a footnote, or a couple of additional lines, to explain to the modern English reader that the "roi Pétaut" presided over the guild of beggars, whose assemblies had a riotous character. It seemed far better—especially for purposes of the stage—to render the line as "It's like a madhouse with the keeper gone," thus plainly conveying, in Madame Pernelle's vigorous and proverbial manner, the ideas of unruliness and noise.

The 1963 introduction still says what I think, but there is one of its points which I should like to stress again. Three decades of American stage productions have made me still more certain that Orgon, whose role was played by Molière himself, is *Tartuffe*'s main character. A devout man deceived by outward shows, an unconscious misuser of his own faith, a disturbed tyrant unaware of his own motives, Orgon is a figure of complexity and rich imbalance. Tartuffe, by contrast, is a simple figure, a greedy trickster, and is for us, as Jacques Guicharnaud has said, "a character without mystery." I do not mean, of course, to deny Tartuffe the magnitudes which are truly his. He is a fascinating performer, and we are astonished by the brazenness, eloquence, and quick-wittedness with which he maintains his pious act even when proposing adultery, or when caught in the act of so doing. It is also true that, though Orgon's state of mind is the ground of the play, it is Tartuffe who drives the action by his several transformations, changing from Orgon's creature to Orgon's swindler and would-be cuckolder, and at last to Orgon's denouncer and dispossessor. Nevertheless he is a simple person, a supple con man who adapts his deceptive arts to the victim of the moment. If there is any conflict to be found in him, it is between his calculation and his appetite, but both are aspects of his greed. Because he is the title character, because he is so striking and such a force in the play, some critics, directors, and actors have made the mistake of trying to invest Tartuffe with complexity or mystery. That won't do. He is not a freak or a monster; he is not a towering embodiment of evil; and assuredly he is not a master criminal, since we, and all but two of the play's characters, see through his ostentatious piety. This play is best read and best presented when Tartuffe is seen as a character among characters, inhabiting the same plane of reality as the rest, and having precisely those qualities provided him by Molière.

RICHARD WILBUR
Cummington, Massachusetts
August 1996

Introduction

THERE MAY BE people who deny comedy the right to be serious, and think it improper for any but trivial themes to consort with laughter. It would take people of that kind to find in *Tartuffe* anything offensive to religion. The warped characters of the play express an obviously warped religious attitude, which is corrected by the reasonable orthodoxy of Cléante, the wholesomeness of Dorine, and the entire testimony of the action. The play is not a satire on religion, as those held who kept it off the boards for five years. Is it, then, a satire on religious hypocrisy, as Molière claimed in his polemical preface of 1669?

The play speaks often of religious hypocrisy, displays it in action, and sometimes seems to be gesturing toward its practitioners in seventeenth-century French society. Tartuffe is made to recommend, more than once, those Jesuitical techniques for easing the conscience which Pascal attacked in the *Provincial Letters.* Cléante makes a long speech against people who feign piety for the sake of preferment or political advantage. And yet no one in the play can be said to be a religious hypocrite in any representative sense. Tartuffe may at times suggest or symbolize the slippery casuist, or the sort of hypocrite denounced by Cléante, but he is not himself such a person. He is a versatile parasite or confidence man, with a very long criminal record, and to pose as a holy man is not his only *modus operandi:* we see him, in the last act, shifting easily from the role of saint to that of hundred-percenter. As for the other major characters who might qualify, Madame Pernelle is simply a nasty bigot, while the religious attitudes of her son Orgon are, for all their underlying corruption, quite sincere.

Tartuffe is only incidentally satiric; what we experience in reading or seeing it, as several modern critics have argued, is not a satire but a "deep" comedy in which (1) a knave tries to control life by cold chicanery, (2) a fool tries to oppress life by unconscious misuse of the highest values, and (3) life, happily, will not have it.

Orgon, the central character of the play, is a rich bourgeois of middle age, with two grown children by his first wife. His second wife, Elmire, is attractive, young, and socially clever. We gather from the maid Dorine that Orgon has until lately seemed a good and sensible man, but the Orgon whom we meet in Act I, Scene 4 has become a fool. What has happened to him? It appears that he, like many another middle-aged man, has been alarmed by a sense of failing powers and failing authority, and that he has compensated by adopting an extreme religious severity. In this he is comparable to the aging coquette described by Dorine, who "quits a world which fast is quitting her," and saves face by becoming a censorious prude.

Orgon's resort to bigotry has coincided with his discovery of Tartuffe, a wily opportunist who imposes upon him by a pretense of sanctity, and is soon established in Orgon's house as honored guest, spiritual guide, and moral censor. Tartuffe's attitude toward Orgon is perfectly simple: he regards his benefactor as a dupe, and proposes to swindle him as badly as he can. Orgon's attitude toward Tartuffe is more complex and far less conscious. It consists, in part, of an unnatural fondness or "crush" about which the clear-sighted Dorine is explicit:

> *He pets and pampers him with love more tender*
> *Than any pretty mistress could engender. . . .*

It also involves, in the strict sense of the word, idolatry: Orgon's febrile religious emotions are all related to Tartuffe and appear to terminate in him. Finally, and least consciously, Orgon cherishes Tartuffe because, with the sanction of the latter's austere precepts, he can tyrannize over his family and punish them for possessing what he feels himself to be losing: youth, gaiety, strong natural desires. This punitive motive comes to the surface, looking like plain sadism, when Orgon orders his daughter to

> *Marry Tartuffe, and mortify your flesh!*

Orgon is thus both Tartuffe's victim and his unconscious exploiter; once we apprehend this, we can better understand Orgon's stubborn refusal to see Tartuffe for the fraud that he is.

When Orgon says to Cléante,

> *My mother, children, brother and wife could die,*
> *And I'd not feel a single moment's pain,*

he is parodying or perverting a Christian idea which derives from the Gospels and rings out purely in Luther's "A Mighty Fortress is Our God":

> *Let goods and kindred go,*
> *This mortal life also. . . .*

The trouble with Orgon's high spirituality is that one cannot obey the First Commandment without obeying the Second also. Orgon has withdrawn all proper feeling from those about him, and his vicious fatuity creates an atmosphere which is the comic equivalent of *King Lear*'s. All natural bonds of love and trust are strained or broken; evil is taken for good; truth must to kennel. Cléante's reasonings, the rebellious protests of Damis, the entreaties of Mariane, and the mockeries of Dorine are ineffectual against Orgon's folly; he must see Tartuffe paw at his wife, and hear Tartuffe speak contemptuously of him, before he is willing to part with the sponsor of his spiteful piety. How little "religion" there has been in Orgon's behavior, how much it has arisen from infatuation and bitterness, we may judge by his indiscriminate outburst in the fifth act:

> *Enough, by God! I'm through with pious men!*
> *Henceforth I'll hate the whole false brotherhood,*
> *And persecute them worse than Satan could.*

By the time Orgon is made to see Tartuffe's duplicity, the latter has accomplished his swindle, and is in a position to bring about Orgon's material ruin. It takes Louis XIV himself to save the day, in a conclusion which may seem both forced and flattering, but which serves to contrast a judicious, humane and forgiving ruler with the domestic tyrant Orgon. The King's moral insight is Tartuffe's final undoing; nevertheless there is an earlier scene in which we are given better assurance of the invincibility of the natural and sane. I refer to Tartuffe's first conversation with Elmire, in which passion compels the hypocrite recklessly to abandon his role. What comes out of Tartuffe in that scene is an expression of helpless lust, couched in an appalling mixture of the languages of gallantry and devotion. It is not attractive; and yet one is profoundly satisfied to discover that, as W. G. Moore puts it, "Tartuffe's human nature escapes his calculation." To be flawlessly monstrous is, thank heaven, not easy.

In translating *Tartuffe* I have tried, as with *The Misanthrope* some years ago, to reproduce with all possible fidelity both Molière's words and his poetic form. The necessity of keeping verse and rhyme, in such plays as these, was argued at some length in an introduction to the earlier translation, and I shall not repeat all those arguments here. It is true that *Tartuffe* presents an upper-bourgeois rather than a courtly milieu; there is less deliberate wit and elegance than in the dialogue of *The Misanthrope,* and consequently there is less call for the couplet as a conveyor of epigrammatic effects. Yet there are such effects in *Tartuffe,* and rhyme and verse are required here for other good reasons: to pay out the long speeches with clarifying emphasis, and at an assimilable rate; to couple farcical sequences to passages of greater weight and resonance; and to give a purely formal pleasure, as when balancing verse-patterns support the "ballet" movement of the close of Act II. My convictions being what they are, I am happy to report what a number of productions of the *Misanthrope* translation have shown: that contemporary audiences are quite willing to put up with rhymed verse on the stage.

I thank Messrs. Jacques Barzun and Eric Bentley for encouraging me to undertake this translation; Messrs. Harry Levin, Frederic Musser and Edward Williamson for suggesting improvements in the text; and the Ford and Philadelphia Community Foundations for their support of the project.

RICHARD WILBUR

A Note to the Harvest Edition
(1963)

THERE ARE ONE or two things I should like to say to those who will be using this edition of *Tartuffe* as a script. This translation has had the good luck to be performed, a number of times, in New York, regional, and university theaters, and also on the radio. The best of the stage productions have repeatedly proved what the fact of radio production would suggest: the verbal sufficiency of Molière's serious comedy. What such a play as *Tartuffe* is about, what the characters think, feel, and do, is clearly and amply presented in the dialogue, so that a mere reading aloud of the lines, without any effort at performance, can provide a complete, if austere, experience of the work.

I do not mean to say that there are no open questions in the play. To what extent does Cléante, in his reasonable yet in-effectual speeches, express the playwright's view of things? Is it possible that Tartuffe possesses, in his real and underlying na-ture, a kind of balked religious yearning? And what on earth does Elmire see in Orgon? These are questions that director and actor may, and indeed must, decide; but it will be found that Molière's comedy, because it is so thoroughly "written," resists the overextension of any thesis. The actor or director who insists on a stimulatingly freakish interpretation will find himself engaged in deliberate misreading and willful distortion, and the audience will not be deceived.

In short, trust the words. Trust the words to convey the point and persons of the comedy, and trust them also to be sufficiently entertaining. A fussy anxiety on the part of the di-rector, whereby the dialogue is hurried, cut, or swamped in farcical action, is the commonest cause of failure in produc-tions of Molière. To such want of confidence in the text we owe the occasional disastrous transformation of Tartuffe's two interviews with Elmire into a couple of wrestling bouts. A real quality of Tartuffe's—his lustfulness—is emphasized by such treatment, but at the cost of making his great speeches seem redundant and pointlessly nuanced. The cost is too great, and the audience, though it may consent to laugh, will not be satisfied.

The introduction to the original edition still says what I think, and I shall let it stand. Were I to revise it, I would explicitly and gratefully refer to the criticism of Jacques Guicharnaud, and would also somewhat qualify my claim to accuracy. In translating *Tartuffe,* I did not always capture Madame Pernelle's way of slipping into old-fashioned and inelegant speech, or Mariane's of parroting the rhetoric of artificial romances. My excuse for these deficiencies is that, while echoes of an unchanging scripture or liturgy are readily duplicated, as in the speeches of Tartuffe, a translation that seeks to avoid a "period" diction cannot easily find equivalents for such quirks and fads of language as I have mentioned.

R.W.

Tartuffe

PERSONNAGES

Mme Pernelle, mère d'Orgon.

Orgon, mari d'Elmire.

Elmire, femme d'Orgon.

Damis, fils d'Orgon.

Mariane, fille d'Orgon et amante de Valère.

Valère, amant de Mariane.

Cléante, beau-frère d'Orgon.

Tartuffe, faux dévot.

Dorine, suivante de Mariane.

M. Loyal, sergent.

Un Exempt.

Flipote, servante de Mme Pernelle.

La scène est à Paris.

CHARACTERS

MME PERNELLE, Orgon's mother
ORGON, Elmire's husband
ELMIRE, Orgon's wife
DAMIS, Orgon's son, Elmire's stepson
MARIANE, Orgon's daughter, Elmire's stepdaughter,
in love with Valère
VALÈRE, in love with Mariane
CLÉANTE, Orgon's brother-in-law
TARTUFFE, a hypocrite
DORINE, Mariane's lady's-maid
M. LOYAL, a bailiff
A POLICE OFFICER
FLIPOTE, Mme Pernelle's maid

The scene throughout: Orgon's house in Paris

Act I

SCÈNE I

MADAME PERNELLE *et* FLIPOTE *sa servante,*
ELMIRE, MARIANE, DORINE, DAMIS, CLÉANTE

MADAME PERNELLE

Allons, Flipote, allons, que d'eux je me délivre.

ELMIRE

Vous marchez d'un tel pas qu'on a peine à vous suivre.

MADAME PERNELLE

Laissez, ma bru, laissez, ne venez pas plus loin:
Ce sont toutes façons dont je n'ai pas besoin.

ELMIRE

De ce que l'on vous doit envers vous on s'acquitte.   5
Mais, ma mère, d'où vient que vous sortez si vite ?

MADAME PERNELLE

C'est que je ne puis voir tout ce ménage-ci,
Et que de me complaire on ne prend nul souci.
Oui, je sors de chez vous fort mal édifiée :
Dans toutes mes leçons j'y suis contrariée,   10
On n'y respecte rien, chacun y parle haut,
Et c'est tout justement la cour du roi Pétaud.

DORINE

Si...

MADAME PERNELLE

            Vous êtes, ma mie, une fille suivante
Un peu trop forte en gueule, et fort impertinente :
Vous vous mêlez sur tout de dire votre avis.   15

DAMIS

Mais...

SCENE I

MADAME PERNELLE *and* FLIPOTE, *her maid,* ELMIRE,
MARIANE, DORINE, DAMIS, CLÉANTE

MADAME PERNELLE

Come, come, Flipote; it's time I left this place.

ELMIRE

I can't keep up, you walk at such a pace.

MADAME PERNELLE

Don't trouble, child; no need to show me out.
It's not your manners I'm concerned about.

ELMIRE

We merely pay you the respect we owe.   5
But, Mother, why this hurry? Must you go?

MADAME PERNELLE

I must. This house appalls me. No one in it
Will pay attention for a single minute.
Children, I take my leave much vexed in spirit.
I offer good advice, but you won't hear it.   10
You all break in and chatter on and on.
It's like a madhouse with the keeper gone.

DORINE

If . . .

MADAME PERNELLE

            Girl, you talk too much, and I'm afraid
You're far too saucy for a lady's-maid.   15
You push in everywhere and have your say.

DAMIS

But . . .

MADAME PERNELLE

Vous êtes un sot en trois lettres, mon fils;
C'est moi qui vous le dis, qui suis votre grand-mère;
Et j'ai prédit cent fois à mon fils, votre père,
Que vous preniez tout l'air d'un méchant garnement,
Et ne lui donneriez jamais que du tourment.   20

MARIANE

Je crois...

MADAME PERNELLE

Mon Dieu, sa sœur, vous faites la discrète,
Et vous n'y touchez pas, tant vous semblez doucette;
Mais il n'est, comme on dit, pire eau que l'eau qui dort,
Et vous menez sous chape un train que je hais fort.

ELMIRE

Mais, ma mère...

MADAME PERNELLE

Ma bru, qu'il ne vous en déplaise,   25
Votre conduite en tout est tout à fait mauvaise;
Vous devriez leur mettre un bon exemple aux yeux,
Et leur défunte mère en usait beaucoup mieux.
Vous êtes dépensière; et cet état me blesse,
Que vous alliez vêtue ainsi qu'une princesse.   30
Quiconque à son mari veut plaire seulement,
Ma bru, n'a pas besoin de tant d'ajustement.

CLÉANTE

Mais, Madame, après tout...

MADAME PERNELLE

Pour vous, Monsieur son frère,
Je vous estime fort, vous aime, et vous révère;
Mais enfin, si j'étais de mon fils, son époux,   35
Je vous prierais bien fort de n'entrer point chez nous.
Sans cesse vous prêchez des maximes de vivre
Qui par d'honnêtes gens ne se doivent point suivre.
Je vous parle un peu franc; mais c'est là mon humeur,
Et je ne mâche point ce que j'ai sur le cœur.   40

MADAME PERNELLE

You, boy, grow more foolish every day.
To think my grandson should be such a dunce!
I've said a hundred times, if I've said it once,
That if you keep the course on which you've started,
You'll leave your worthy father brokenhearted.   20

MARIANE

I think . . .

MADAME PERNELLE

And you, his sister, seem so pure,
So shy, so innocent, and so demure.
But you know what they say about still waters.
I pity parents with secretive daughters.

ELMIRE

Now, Mother . . .

MADAME PERNELLE

And as for you, child, let me add   25
That your behavior is extremely bad,
And a poor example for these children, too.
Their dear, dead mother did far better than you.
You're much too free with money, and I'm distressed
To see you so elaborately dressed.   30
When it's one's husband that one aims to please,
One has no need of costly fripperies.

CLÉANTE

Oh, Madam, really . . .

MADAME PERNELLE

You are her brother, Sir,
And I respect and love you; yet if I were
My son, this lady's good and pious spouse,   35
I wouldn't make you welcome in my house.
You're full of worldly counsels which, I fear,
Aren't suitable for decent folk to hear.
I've spoken bluntly, Sir; but it behooves us
Not to mince words when righteous fervor moves us.   40

DAMIS

Votre Monsieur Tartuffe est bien heureux sans doute…

MADAME PERNELLE

C'est un homme de bien, qu'il faut que l'on écoute;
Et je ne puis souffrir sans me mettre en courroux
De le voir querellé par un fou comme vous.

DAMIS

Quoi ? je souffrirai, moi, qu'un cagot de critique   45
Vienne usurper céans un pouvoir tyrannique,
Et que nous ne puissions à rien nous divertir,
Si ce beau Monsieur-là n'y daigne consentir ?

DORINE

S'il le faut écouter et croire à ses maximes,
On ne peut faire rien qu'on ne fasse des crimes;   50
Car il contrôle tout, ce critique zélé.

MADAME PERNELLE

Et tout ce qu'il contrôle est fort bien contrôlé.
C'est au chemin du Ciel qu'il prétend vous conduire,
Et mon fils à l'aimer vous devrait tous induire.

DAMIS

Non, voyez-vous, ma mère, il n'est père ni rien   55
Qui me puisse obliger à lui vouloir du bien :
Je trahirais mon cœur de parler d'autre sorte;
Sur ses façons de faire à tous coups je m'emporte;
J'en prévois une suite, et qu'avec ce pied plat
Il faudra que j'en vienne à quelque grand éclat.   60

DORINE

Certes, c'est une chose aussi qui scandalise,
De voir qu'un inconnu céans s'impatronise,
Qu'un gueux qui, quand il vint, n'avait pas de souliers
Et dont l'habit entier valait bien six deniers,

DAMIS

Your man Tartuffe is full of holy speeches ...

MADAME PERNELLE

And practices precisely what he preaches.
He's a fine man, and should be listened to.
I will not hear him mocked by fools like you.

DAMIS

Good God! Do you expect me to submit   45
To the tyranny of that carping hypocrite?
Must we forgo all joys and satisfactions
Because that bigot censures all our actions?

DORINE

To hear him talk—and he talks all the time—
There's nothing one can do that's not a crime.   50
He rails at everything, your dear Tartuffe.

MADAME PERNELLE

Whatever he reproves deserves reproof.
He's out to save your souls, and all of you
Must love him, as my son would have you do.

DAMIS

Ah no, Grandmother, I could never take   55
To such a rascal, even for my father's sake.
That's how I feel, and I shall not dissemble.
His every action makes me seethe and tremble
With helpless anger, and I have no doubt
That he and I will shortly have it out.   60

DORINE

Surely it is a shame and a disgrace
To see this man usurp the master's place—
To see this beggar who, when first he came,
Had not a shoe or shoestring to his name

En vienne jusque-là que de se méconnaître,   65
De contrarier tout, et de faire le maître.

MADAME PERNELLE

Hé! merci de ma vie! il en irait bien mieux,
Si tout se gouvernait par ses ordres pieux.

DORINE

Il passe pour un saint dans votre fantaisie :
Tout son fait, croyez-moi, n'est rien qu'hypocrisie.   70

MADAME PERNELLE

Voyez la langue!

DORINE

                    A lui, non plus qu'à son Laurent,
Je ne me fierais, moi, que sur un bon garant.

MADAME PERNELLE

J'ignore ce qu'au fond le serviteur peut être;
Mais pour homme de bien je garantis le maître.
Vous ne lui voulez mal et ne le rebutez   75
Qu'à cause qu'il vous dit à tous vos vérités.
C'est contre le péché que son cœur se courrouce,
Et l'intérêt du Ciel est tout ce qui le pousse.

DORINE

Oui! mais pourquoi, surtout depuis un certain temps,
Ne saurait-il souffrir qu'aucun hante céans ?   80
En quoi blesse le Ciel une visite honnête,
Pour en faire un vacarme à nous rompre la tête ?
Veut-on que là-dessus je m'explique entre nous ?
Je crois que de Madame il est, ma foi, jaloux.

MADAME PERNELLE

Taisez-vous, et songez aux choses que vous dites.   85
Ce n'est pas lui tout seul qui blâme ces visites.
Tout ce tracas qui suit les gens que vous hantez,
Ces carrosses sans cesse à la porte plantés,
Et de tant de laquais le bruyant assemblage

So far forget himself that he behaves   65
As if the house were his, and we his slaves.

MADAME PERNELLE

Well, mark my words, your souls would fare far better
If you obeyed his precepts to the letter.

DORINE

You see him as a saint. I'm far less awed;
In fact, I see right through him. He's a fraud.   70

MADAME PERNELLE

Nonsense!

DORINE

His man Laurent's the same, or worse;
I'd not trust either with a penny purse.

MADAME PERNELLE

I can't say what his servant's morals may be;
His own great goodness I can guarantee.
You all regard him with distaste and fear   75
Because he tells you what you're loath to hear,
Condemns your sins, points out your moral flaws,
And humbly strives to further Heaven's cause.

DORINE

If sin is all that bothers him, why is it
He's so upset when folk drop in to visit?   80
Is Heaven so outraged by a social call
That he must prophesy against us all?
I'll tell you what I think: if you ask me,
He's jealous of my mistress' company.

MADAME PERNELLE

Rubbish! *(To Elmire:)* He's not alone, child, in complaining   85
Of all of your promiscuous entertaining
Why, the whole neighborhood's upset, I know,
By all these carriages that come and go,
With crowds of guests parading in and out

Font un éclat fâcheux dans tout le voisinage.   90
Je veux croire qu'au fond il ne se passe rien;
Mais enfin on en parle, et cela n'est pas bien.

CLÉANTE

Hé! voulez-vous, Madame, empêcher qu'on ne cause ?
Ce serait dans la vie une fâcheuse chose,
Si pour les sots discours où l'on peut être mis,   95
Il fallait renoncer à ses meilleurs amis.
Et quand même on pourrait se résoudre à le faire,
Croiriez-vous obliger tout le monde à se taire ?
Contre la médisance il n'est point de rempart.
A tous les sots caquets n'ayons donc nul égard;   100
Efforçons-nous de vivre avec toute innocence,
Et laissons aux causeurs une pleine licence.

DORINE

Daphné, notre voisine, et son petit époux
Ne seraient-ils point ceux qui parlent mal de nous ?
Ceux de qui la conduite offre le plus à rire   105
Sont toujours sur autrui les premiers à médire;
Ils ne manquent jamais de saisir promptement
L'apparente lueur du moindre attachement,
D'en semer la nouvelle avec beaucoup de joie,
Et d'y donner le tour qu'ils veulent qu'on y croie :   110
Des actions d'autrui, teintes de leurs couleurs,
Ils pensent dans le monde autoriser les leurs,
Et sous le faux espoir de quelque ressemblance,
Aux intrigues qu'ils ont donner de l'innocence,
Ou faire ailleurs tomber quelques traits partagés   115
De ce blâme public dont ils sont trop chargés.

MADAME PERNELLE

Tous ces raisonnements ne font rien à l'affaire.
On sait qu'Orante mène une vie exemplaire :
Tous ses soins vont au Ciel; et j'ai su par des gens
Qu'elle condamne fort le train qui vient céans.   120

And noisy servants loitering about. 90
In all of this, I'm sure there's nothing vicious;
But why give people cause to be suspicious?

CLÉANTE

They need no cause; they'll talk in any case.
Madam, this world would be a joyless place
If, fearing what malicious tongues might say, 95
We locked our doors and turned our friends away.
And even if one did so dreary a thing,
D'you think those tongues would cease their chattering?
One can't fight slander; it's a losing battle;
Let us instead ignore their tittle-tattle. 100
Let's strive to live by conscience's clear decrees,
And let the gossips gossip as they please.

DORINE

If there is talk against us, I know the source:
It's Daphne and her little husband, of course.
Those who have greatest cause for guilt and shame 105
Are quickest to besmirch a neighbor's name.
When there's a chance for libel, they never miss it;
When something can be made to seem illicit
They're off at once to spread the joyous news,
Adding to fact what fantasies they choose. 110
By talking up their neighbor's indiscretions
They seek to camouflage their own transgressions,
Hoping that others' innocent affairs
Will lend a hue of innocence to theirs,
Or that their own black guilt will come to seem 115
Part of a general shady color-scheme.

MADAME PERNELLE

All that is quite irrelevant. I doubt
That anyone's more virtuous and devout
Than dear Orante; and I'm informed that she
Condemns your mode of life most vehemently. 120

DORINE

L'exemple est admirable, et cette dame est bonne !
Il est vrai qu'elle vit en austère personne;
Mais l'âge dans son âme a mis ce zèle ardent,
Et l'on sait qu'elle est prude à son corps défendant.
Tant qu'elle a pu des cœurs attirer les hommages,   125
Elle a fort bien joui de tous ses avantages;
Mais, voyant de ses yeux tous les brillants baisser,
Au monde, qui la quitte, elle veut renoncer,
Et du voile pompeux d'une haute sagesse
De ses attraits usés déguiser la faiblesse.   130
Ce sont là les retours des coquettes du temps.
Il leur est dur de voir déserter les galants.
Dans un tel abandon, leur sombre inquiétude
Ne voit d'autre recours que le métier de prude;
Et la sévérité de ces femmes de bien   135
Censure toute chose, et ne pardonne à rien;
Hautement d'un chacun elles blâment la vie,
Non point par charité, mais par un trait d'envie,
Qui ne saurait souffrir qu'une autre ait les plaisirs
Dont le penchant de l'âge a sevré leurs désirs.   140

MADAME PERNELLE *(à Elmire.)*

Voilà les contes bleus qu'il vous faut pour vous plaire.
Ma bru, l'on est chez vous contrainte de se taire,
Car Madame à jaser tient le dé tout le jour.
Mais enfin je prétends discourir à mon tour :
Je vous dis que mon fils n'a rien fait de plus sage   145
Qu'en recueillant chez soi ce dévot personnage;
Que le Ciel au besoin l'a céans envoyé
Pour redresser à tous votre esprit fourvoyé;
Que pour votre salut vous le devez entendre,
Et qu'il ne reprend rien qui ne soit à reprendre.   150
Ces visites, ces bals, ces conversations
Sont du malin esprit toutes inventions.
Là jamais on n'entend de pieuses paroles:
Ce sont propos oisifs, chansons et fariboles;

DORINE

Oh, yes, she's strict, devout, and has no taint
Of worldliness; in short, she seems a saint.
But it was time which taught her that disguise;
She's thus because she can't be otherwise.
So long as her attractions could enthrall, 125
She flounced and flirted and enjoyed it all,
But now that they're no longer what they were
She quits a world which fast is quitting her,
And wears a veil of virtue to conceal
Her bankrupt beauty and her lost appeal. 130
That's what becomes of old coquettes today:
Distressed when all their lovers fall away,
They see no recourse but to play the prude,
And so confer a style on solitude.
Thereafter, they're severe with everyone, 135
Condemning all our actions, pardoning none,
And claiming to be pure, austere, and zealous
When, if the truth were known, they're merely jealous,
And cannot bear to see another know
The pleasures time has forced them to forgo. 140

MADAME PERNELLE *(Initially to Elmire:)*

That sort of talk is what you like to hear;
Therefore you'd have us all keep still, my dear,
While Madam rattles on the livelong day.
Nevertheless, I mean to have my say.
I tell you that you're blest to have Tartuffe 145
Dwelling, as my son's guest, beneath this roof;
That Heaven has sent him to forestall its wrath
By leading you, once more, to the true path;
That all he reprehends is reprehensible,
And that you'd better heed him, and be sensible. 150
These visits, balls, and parties in which you revel
Are nothing but inventions of the Devil.
One never hears a word that's edifying:
Nothing but chaff and foolishness and lying,

Bien souvent le prochain en a sa bonne part,   155
Et l'on y sait médire et du tiers et du quart.
Enfin les gens sensés ont leurs têtes troublées
De la confusion de telles assemblées:
Mille caquets divers s'y font en moins de rien;
Et comme l'autre jour un docteur dit fort bien,   160
C'est véritablement la tour de Babylone,
Car chacun y babille, et tout du long de l'aune;
Et pour conter l'histoire où ce point l'engagea . . .

(Montrant Cléante.)

Voilà-t-il pas Monsieur qui ricane déjà !
Allez chercher vos fous qui vous donnent à rire,   165
Et sans . . . Adieu, ma bru : je ne veux plus rien dire.
Sachez que pour céans j'en rabats de moitié,
Et qu'il fera beau temps quand j'y mettrai le pied.

(Donnant un soufflet à Flipote.)

Allons, vous, vous rêvez, et bayez aux corneilles.
Jour de Dieu ! je saurai vous frotter les oreilles.   170
Marchons, gaupe, marchons.

As well as vicious gossip in which one's neighbor   155
Is cut to bits with epee, foil, and saber.
People of sense are driven half-insane
At such affairs, where noise and folly reign
And reputations perish thick and fast.
As a wise preacher said on Sunday last,   160
Parties are Towers of Babylon, because
The guests all babble on with never a pause;
And then he told a story which, I think . . .
(To Cléante:)
I heard that laugh, Sir, and I saw that wink!
Go find your silly friends and laugh some more!   165
Enough; I'm going; don't show me to the door.
I leave this household much dismayed and vexed;
I cannot say when I shall see you next.
(Slapping Flipote:)
Wake up, don't stand there gaping into space!
I'll slap some sense into that stupid face.   170
Move, move, you slut.

SCÈNE II

CLÉANTE, DORINE

CLÉANTE

Je n'y veux point aller,
De peur qu'elle ne vint encor me quereller,
Que cette bonne femme...

DORINE

Ah! certes, c'est dommage
Qu'elle ne vous ouît tenir un tel langage :
Elle vous dirait bien qu'elle vous trouve bon,   175
Et qu'elle n'est point d'âge à lui donner ce nom.

CLÉANTE

Comme elle s'est pour rien contre nous échauffée !
Et que de son Tartuffe elle parait coiffée !

DORINE

Oh! vraiment tout cela n'est rien au prix du fils,
Et si vous l'aviez vu, vous diriez: « C'est bien pis ! »   180
Nos troubles l'avaient mis sur le pied d'homme sage,
Et pour servir son prince il montra du courage;
Mais il est devenu comme un homme hébété,
Depuis que de Tartuffe on le voit entêté;
Il l'appelle son frère, et l'aime dans son âme   185
Cent fois plus qu'il ne fait mère, fils, fille, et femme.
C'est de tous ses secrets l'unique confident,
Et de ses actions le directeur prudent;
Il le choie, il l'embrasse, et pour une maîtresse
On ne saurait, je pense, avoir plus de tendresse;   190
A table, au plus haut bout il veut qu'il soit assis;
Avec joie il l'y voit manger autant que six;
Les bons morceaux de tout, il fait qu'on les lui cède;
Et s'il vient à roter, il lui dit: « Dieu vous aide ! »

SCENE II

CLÉANTE, DORINE

CLÉANTE
I think I'll stay behind;
I want no further pieces of her mind.
How that old lady . . .

DORINE
Oh, what wouldn't she say
If she could hear you speak of her that way!
She'd thank you for the *lady,* but I'm sure   175
She'd find the *old* a little premature.

CLÉANTE
My, what a scene she made, and what a din!
And how this man Tartuffe has taken her in!

DORINE
Yes, but her son is even worse deceived;
His folly must be seen to be believed.   180
In the late troubles, he played an able part
And served his king with wise and loyal heart,
But he's quite lost his senses since he fell
Beneath Tartuffe's infatuating spell.
He calls him brother, and loves him as his life,   185
Preferring him to mother, child, or wife.
In him and him alone will he confide;
He's made him his confessor and his guide;
He pets and pampers him with love more tender
Than any pretty mistress could engender,   190
Gives him the place of honor when they dine,
Delights to see him gorging like a swine,
Stuffs him with dainties till his guts distend,
And when he belches, cries "God bless you, friend!"

Enfin il en est fou; c'est son tout, son héros;   195
Il l'admire à tous coups, le cite à tout propos;
Ses moindres actions lui semblent des miracles,
Et tous les mots qu'il dit sont pour lui des oracles.
Lui, qui connaît sa dupe et qui veut en jouir,
Par cent dehors fardés a l'art de l'éblouir;   200
Son cagotisme en tire à toute heure des sommes,
Et prend droit de gloser sur tous tant que nous sommes.
Il n'est pas jusqu'au fat qui lui sert de garçon
Qui ne se mêle aussi de nous faire leçon;
Il vient nous sermonner avec des yeux farouches,   205
Et jeter nos rubans, notre rouge et nos mouches.
Le traître, l'autre jour, nous rompit de ses mains
Un mouchoir qu'il trouva dans une *Fleur des Saints,*
Disant que nous mêlions, par un crime effroyable,
Avec la sainteté les parures du diable.   210

In short, he's mad; he worships him; he dotes; 195
His deeds he marvels at, his words he quotes,
Thinking each act a miracle, each word
Oracular as those that Moses heard.
Tartuffe, much pleased to find so easy a victim,
Has in a hundred ways beguiled and tricked him, 200
Milked him of money, and with his permission
Established here a sort of Inquisition.
Even Laurent, his lackey, dares to give
Us arrogant advice on how to live;
He sermonizes us in thundering tones 205
And confiscates our ribbons and colognes.
Last week he tore a kerchief into pieces
Because he found it pressed in a *Life of Jesus:*
He said it was a sin to juxtapose
Unholy vanities and holy prose. 210

SCÈNE III

ELMIRE, MARIANE, DAMIS, CLÉANTE, DORINE

ELMIRE *(à Cléante)*

Vous êtes bien heureux de n'être point venu
Au discours qu'à la porte elle nous a tenu.
Mais j'ai vu mon mari! comme il ne m'a point vue,
Je veux aller là-haut attendre sa venue.

CLÉANTE

Moi, je l'attends ici pour moins d'amusement,   215
Et je vais lui donner le bonjour seulement.

DAMIS

De l'hymen de ma sœur touchez-lui quelque chose.
J'ai soupçon que Tartuffe à son effet s'oppose,
Qu'il oblige mon père à des détours si grands;
Et vous n'ignorez pas quel intérêt j'y prends.   220
Si même ardeur enflamme et ma sœur et Valère,
La sœur de cet ami, vous le savez, m'est chère;
Et s'il fallait . . .

DORINE

Il entre.

SCENE III

ELMIRE, MARIANE, DAMIS, CLÉANTE, DORINE

ELMIRE *(To Cléante:)*

You did well not to follow; she stood in the door
And said *verbatim* all she'd said before.
I saw my husband coming. I think I'd best
Go upstairs now, and take a little rest.

CLÉANTE

I'll wait and greet him here; then I must go.   215
I've really only time to say hello.

DAMIS

Sound him about my sister's wedding, please.
I think Tartuffe's against it, and that he's
Been urging Father to withdraw his blessing.
As you well know, I'd find that most distressing.   220
Unless my sister and Valère can marry,
My hopes to wed *his* sister will miscarry,
And I'm determined . . .

DORINE
                    He's coming.

SCÈNE IV

ORGON

Ah! mon frère, bonjour.

CLÉANTE

Je sortais, et j'ai joie à vous voir de retour.
La campagne à présent n'est pas beaucoup fleurie.   225

ORGON

Dorine... Mon beau-frère, attendez, je vous prie:
(*A Cléante.*)
Vous voulez bien souffrir, pour m'ôter de souci,
Que je m'informe un peu des nouvelles d'ici.
(*A Dorine.*)
Tout s'est-il, ces deux jours, passé de bonne sorte ?
Qu'est-ce qu'on fait céans? comme est-ce qu'on s'y porte ?   230

DORINE

Madame eut avant-hier la fièvre jusqu'au soir,
Avec un mal de tête étrange à concevoir.

ORGON

Et Tartuffe ?

DORINE

Tartuffe? Il se porte à merveille.
Gros et gras, le teint frais, et la bouche vermeille.

ORGON

Le pauvre homme !

DORINE

Le soir, elle eut un grand dégoût,   235
Et ne put au souper toucher à rien du tout,
Tant sa douleur de tête était encor cruelle !

SCENE IV

ORGON, CLÉANTE, DORINE

ORGON

        Ah, Brother, good-day.

CLÉANTE

Well, welcome back. I'm sorry I can't stay.
How was the country? Blooming, I trust, and green?   225

ORGON

Excuse me, Brother; just one moment. Dorine . . .
(To Cléante:)
To put my mind at rest, I always learn
The household news the moment I return.
(To Dorine:)
Has all been well, these two days I've been gone?
How are the family? What's been going on?   230

DORINE

Your wife, two days ago, had a bad fever,
And a fierce headache which refused to leave her.

ORGON

Ah. And Tartuffe?

DORINE

        Tartuffe? Why, he's round and red,
Bursting with health, and excellently fed.

ORGON

Poor fellow!

DORINE

        That night, the mistress was unable   235
To take a single bite at the dinner table.
Her headache pains, she said, were simply hellish.

ORGON

Et Tartuffe?

DORINE

      Il soupa, lui tout seul, devant elle,
Et fort dévotement il mangea deux perdrix,
Avec une moitié de gigot en hachis.   240

ORGON

Le pauvre homme !

DORINE

         La nuit se passa tout entière
Sans qu'elle pût fermer un moment la paupière;
Des chaleurs l'empêchaient de pouvoir sommeiller,
Et jusqu'au jour près d'elle il nous fallut veiller.

ORGON

Et Tartuffe ?

DORINE

        Pressé d'un sommeil agréable,   245
Il passa dans sa chambre au sortir de la table,
Et dans son lit bien chaud il se mit tout soudain,
Où sans trouble il dormit jusques au lendemain.

ORGON

Le pauvre homme !

DORINE

        A la fin, par nos raisons gagnée,
Elle se résolut à souffrir la saignée,   250
Et le soulagement suivit tout aussitôt.

ORGON

Et Tartuffe ?

DORINE

      Il reprit courage comme il faut,
Et contre tous les maux fortifiant son âme,
Pour réparer le sang qu'avait perdu Madame,
But à son déjeuner quatre grands coups de vin.   255

ORGON

Ah. And Tartuffe?

DORINE

He ate his meal with relish,
And zealously devoured in her presence
A leg of mutton and a brace of pheasants.   240

ORGON

Poor fellow!

DORINE

Well, the pains continued strong,
And so she tossed and tossed the whole night long,
Now icy cold, now burning like a flame.
We sat beside her bed till morning came.

ORGON

Ah. And Tartuffe?

DORINE

Why, having eaten, he rose   245
And sought his room, already in a doze,
Got into his warm bed, and snored away
In perfect peace until the break of day.

ORGON

Poor fellow!

DORINE

After much ado, we talked her
Into dispatching someone for the doctor.   250
He bled her, and the fever quickly fell.

ORGON

Ah. And Tartuffe?

DORINE

He bore it very well.
To keep his cheerfulness at any cost,
And make up for the blood *Madame* had lost,
He drank, at lunch, four beakers full of port.   255

ORGON

Le pauvre homme !

DORINE

Tous deux se portent bien enfin !
Et je vais à Madame annoncer par avance
La part que vous prenez à sa convalescence.

ORGON

Poor fellow!

DORINE

          Both are doing well, in short.
I'll go and tell *Madame* that you've expressed
Keen sympathy and anxious interest.

SCÈNE V

CLÉANTE

A votre nez, mon frère, elle se rit de vous;
Et sans avoir dessein de vous mettre en courroux,   260
Je vous dirai tout franc que c'est avec justice.
A-t-on jamais parlé d'un semblable caprice ?
Et se peut-il qu'un homme ait un charme aujourd'hui
A vous faire oublier toutes choses pour lui,
Qu'après avoir chez vous réparé sa misère,   265
Vous en veniez au point ?...

ORGON

            Halte-là, mon beau-frère :
Vous ne connaissez pas celui dont vous parlez.

CLÉANTE

Je ne le connais pas, puisque vous le voulez;
Mais enfin, pour savoir quel homme ce peut être...

ORGON

Mon frère, vous seriez charmé de le connaître,   270
Et vos ravissements ne prendraient point de fin.
C'est un homme...qui,...ha ! un homme...un homme
   enfin.
Qui suit bien ses leçons goûte une paix profonde,
Et comme du fumier regarde tout le monde.
Oui, je deviens tout autre avec son entretien;   275
Il m'enseigne à n'avoir affection pour rien,
De toutes amitiés il détache mon âme;
Et je verrais mourir frère, enfants, mère et femme,
Que je m'en soucierais autant que de cela.

CLÉANTE

Les sentiments humains, mon frère, que voilà !   280

SCENE V

CLÉANTE

That girl was laughing in your face, and though
I've no wish to offend you, even so   260
I'm bound to say that she had some excuse.
How can you possibly be such a goose?
Are you so dazed by this man's hocus-pocus
That all the world, save him, is out of focus?
You've given him clothing, shelter, food, and care;   265
Why must you also . . .

ORGON

                    Brother, stop right there.
You do not know the man of whom you speak.

CLÉANTE

I grant you that. But my judgment's not so weak
That I can't tell, by his effect on others . . .

ORGON

Ah, when you meet him, you two will be like brothers!   270
There's been no loftier soul since time began.
He is a man who . . . a man who . . . an excellent man.
To keep his precepts is to be reborn,
And view this dunghill of a world with scorn.
Yes, thanks to him I'm a changed man indeed.   275
Under his tutelage my soul's been freed
From earthly loves, and every human tie:
My mother, children, brother, and wife could die,
And I'd not feel a single moment's pain.

CLÉANTE

That's a fine sentiment, Brother; most humane.   280

ORGON

Ha! si vous aviez vu comme j'en fis rencontre,
Vous auriez pris pour lui l'amitié que je montre.
Chaque jour à l'église il venait, d'un air doux,
Tout vis-à-vis de moi se mettre à deux genoux.
Il attirait les yeux de l'assemblée entière   285
Par l'ardeur dont au Ciel il poussait sa prière;
Il faisait des soupirs, de grands élancements,
Et baisait humblement la terre à tous moments;
Et lorsque je sortais, il me devançait vite,
Pour m'aller à la porte offrir de l'eau bénite.   290
Instruit par son garçon, qui dans tout l'imitait,
Et de son indigence, et de ce qu'il était,
Je lui faisais des dons; mais avec modestie
Il me voulait toujours en rendre une partie.
« C'est trop, me disait-il, c'est trop de la moitié;   295
Je ne mérite pas de vous faire pitié »;
Et quand je refusais de le vouloir reprendre,
Aux pauvres, à mes yeux, il allait le répandre.
Enfin le Ciel chez moi me le fit retirer,
Et depuis ce temps-là tout semble y prospérer.   300
Je vois qu'il reprend tout, et qu'à ma femme même
Il prend, pour mon honneur, un intérêt extrême;
Il m'avertit des gens qui lui font les yeux doux,
Et plus que moi six fois il s'en montre jaloux.
Mais vous ne croiriez point jusqu'où monte son zèle : 305
Il s'impute à péché la moindre bagatelle;
Un rien presque suffit pour le scandaliser;
Jusque-là qu'il se vint l'autre jour accuser
D'avoir pris une puce en faisant sa prière,
Et de l'avoir tuée avec trop de colère.   310

CLÉANTE

Parbleu! vous êtes fou, mon frère, que je crois.
Avec de tels discours vous moquez-vous de moi ?
Et que prétendez-vous que tout ce badinage ?...

ORGON

Oh, had you seen Tartuffe as I first knew him,
Your heart, like mine, would have surrendered to him.
He used to come into our church each day
And humbly kneel nearby, and start to pray.
He'd draw the eyes of everybody there   285
By the deep fervor of his heartfelt prayer;
He'd sigh and weep, and sometimes with a sound
Of rapture he would bend and kiss the ground;
And when I rose to go, he'd run before
To offer me holy water at the door.   290
His serving man, no less devout than he,
Informed me of his master's poverty;
I gave him gifts, but in his humbleness
He'd beg me every time to give him less.
"Oh, that's too much," he'd cry, "too much by twice!   295
I don't deserve it. The half, Sir, would suffice."
And when I wouldn't take it back, he'd share
Half of it with the poor, right then and there.
At length, Heaven prompted me to take him in
To dwell with us, and free our souls from sin.   300
He guides our lives, and to protect my honor
Stays by my wife, and keeps an eye upon her;
He tells me whom she sees, and all she does,
And seems more jealous than I ever was!
And how austere he is! Why, he can detect   305
A mortal sin where you would least suspect;
In smallest trifles, he's extremely strict.
Last week, his conscience was severely pricked
Because, while praying, he had caught a flea
And killed it, so he felt, too wrathfully.   310

CLÉANTE

Good God, man! Have you lost your common sense—
Or is this all some joke at my expense?
How can you stand there and in all sobriety . . .

ORGON

Mon frère, ce discours sent le libertinage :
Vous en êtes un peu dans votre âme entiché;   315
Et comme je vous l'ai plus de dix fois prêché,
Vous vous attirerez quelque méchante affaire.

CLÉANTE

Voilà de vos pareils le discours ordinaire :
Ils veulent que chacun soit aveugle comme eux.
C'est être libertin que d'avoir de bons yeux,   320
Et qui n'adore pas de vaines simagrées
N'a ni respect ni foi pour les choses sacrées.
Allez, tous vos discours ne me font point de peur :
Je sais comme je parle, et le Ciel voit mon cœur.
De tous vos façonniers on n'est point les esclaves.   325
Il est de faux dévots ainsi que de faux braves;
Et comme on ne voit pas qu'où l'honneur les conduit
Les vrais braves soient ceux qui font beaucoup de bruit,
Les bons et vrais dévots, qu'on doit suivre à la trace,
Ne sont pas ceux aussi qui font tant de grimace.   330
Hé quoi? vous ne ferez nulle distinction
Entre l'hypocrisie et la dévotion ?
Vous les voulez traiter d'un semblable langage,
Et rendre même honneur au masque qu'au visage,
Égaler l'artifice à la sincérité,   335
Confondre l'apparence avec la vérité,
Estimer le fantôme autant que la personne,
Et la fausse monnaie à l'égal de la bonne ?
Les hommes la plupart sont étrangement faits !
Dans la juste nature on ne les voit jamais;   340
La raison a pour eux des bornes trop petites;
En chaque caractère ils passent ses limites;
Et la plus noble chose, ils la gâtent souvent
Pour la vouloir outrer et pousser trop avant.
Que cela vous soit dit en passant, mon beau-frère.   345

ORGON

Brother, your language savors of impiety.
Too much freethinking's made your faith unsteady,   315
And as I've warned you many times already,
'Twill get you into trouble before you're through.

CLÉANTE

So I've been told before by dupes like you:
Being blind, you'd have all others blind as well;
The clear-eyed man you call an infidel,   320
And he who sees through humbug and pretense
Is charged, by you, with want of reverence.
Spare me your warnings, Brother; I have no fear
Of speaking out, for you and Heaven to hear,
Against affected zeal and pious knavery.   325
There's true and false in piety, as in bravery,
And just as those whose courage shines the most
In battle, are the least inclined to boast,
So those whose hearts are truly pure and lowly
Don't make a flashy show of being holy.   330
There's a vast difference, so it seems to me,
Between true piety and hypocrisy:
How do you fail to see it, may I ask?
Is not a face quite different from a mask?
Cannot sincerity and cunning art,   335
Reality and semblance, be told apart?
Are scarecrows just like men, and do you hold
That a false coin is just as good as gold?
Ah, Brother, man's a strangely fashioned creature
Who seldom is content to follow Nature,   340
But recklessly pursues his inclination
Beyond the narrow bounds of moderation,
And often, by transgressing Reason's laws,
Perverts a lofty aim or noble cause.
A passing observation, but it applies.   345

ORGON

Oui, vous êtes sans doute un docteur qu'on révère;
Tout le savoir du monde est chez vous retiré;
Vous êtes le seul sage et le seul éclairé,
Un oracle, un Caton dans le siécle où nous sommes;
Et près de vous ce sont des sots que tous les hommes.   350

CLÉANTE

Je ne suis point, mon frère, un docteur révéré,
Et le savoir chez moi n'est pas tout retiré.
Mais, en un mot, je sais, pour toute ma science,
Du faux avec le vrai faire la différence.
Et comme je ne vois nul genre de héros   355
Qui soient plus à priser que les parfaits dévots,
Aucune chose au monde et plus noble et plus belle
Que la sainte ferveur d'un véritable zèle,
Aussi ne vois-je rien qui soit plus odieux
Que le dehors plâtré d'un zèle spécieux,   360
Que ces francs charlatans, que ces dévots de place,
De qui la sacrilège et trompeuse grimace
Abuse impunément et se joue à leur gré
De ce qu'ont les mortels de plus saint et sacré,
Ces gens qui, par une âme à l'intérêt soumise,   365
Font de dévotion métier et marchandise,
Et veulent acheter crédit et dignités
A prix de faux clins d'yeux et d'élans affectés,
Ces gens, dis-je, qu'on voit d'une ardeur non commune
Par le chemin du Ciel courir à leur fortune,   370
Qui, brûlants et priants, demandent chaque jour,
Et prêchent la retraite au milieu de la cour,
Qui savent ajuster leur zèle avec leurs vices,
Sont prompts, vindicatifs, sans foi, pleins d'artifices,
Et pour perdre quelqu'un couvrent insolemment   375
De l'intérêt du Ciel leur fier ressentiment,
D'autant plus dangereux dans leur âpre colère
Qu'ils prennent contre nous des armes qu'on révère,
Et que leur passion, dont on leur sait bon gré,

ORGON

I see, dear Brother, that you're profoundly wise;
You harbor all the insight of the age.
You are our one clear mind, our only sage,
The era's oracle, its Cato too,
And all mankind are fools compared to you.   350

CLÉANTE

Brother, I don't pretend to be a sage,
Nor have I all the wisdom of the age.
There's just one insight I would dare to claim:
I know that true and false are not the same;
And just as there is nothing I more revere   355
Than a soul whose faith is steadfast and sincere,
Nothing that I more cherish and admire
Than honest zeal and true religious fire,
So there is nothing that I find more base
Than specious piety's dishonest face—   360
Than these bold mountebanks, these histrios
Whose impious mummeries and hollow shows
Exploit our love of Heaven, and make a jest
Of all that men think holiest and best;
These calculating souls who offer prayers   365
Not to their Maker, but as public wares,
And seek to buy respect and reputation
With lifted eyes and sighs of exaltation;
These charlatans, I say, whose pilgrim souls
Proceed, by way of Heaven, toward earthly goals,   370
Who weep and pray and swindle and extort,
Who preach the monkish life, but haunt the court,
Who make their zeal the partner of their vice—
Such men are vengeful, sly, and cold as ice,
And when there is an enemy to defame   375
They cloak their spite in fair religion's name,
Their private spleen and malice being made
To seem a high and virtuous crusade,
Until, to mankind's reverent applause,

Veut nous assassiner avec un fer sacré.   380
De ce faux caractère on en voit trop paraître;
Mais les dévots de cœur sont aisés à connaître.
Notre siècle, mon frère, en expose à nos yeux
Qui peuvent nous servir d'exemples glorieux :
Regardez Ariston, regardez Périandre,   385
Oronte, Alcidamas, Polydore, Clitandre;
Ce titre par aucun ne leur est débattu;
Ce ne sont point du tout fanfarons de vertu;
On ne voit point en eux ce faste insupportable,
Et leur dévotion est humaine, est traitable;   390
Ils ne censurent point toutes nos actions :
Ils trouvent trop d'orgueil dans ces corrections;
Et laissant la fierté des paroles aux autres,
C'est par leurs actions qu'ils reprennent les nôtres.
L'apparence du mal a chez eux peu d'appui,   395
Et leur âme est portée à juger bien d'autrui.
Point de cabale en eux, point d'intrigues à suivre;
On les voit, pour tous soins, se mêler de bien vivre;
Jamais contre un pécheur ils n'ont d'acharnement;
Ils attachent leur haine au péché seulement,   400
Et ne veulent point prendre, avec un zèle extrême,
Les intérêts du Ciel plus qu'il ne veut lui-même.
Voilà mes gens, voilà comme il en faut user,
Voilà l'exemple enfin qu'il se faut proposer.
Votre homme, à dire vrai, n'est pas de ce modèle :   405
C'est de fort bonne foi que vous vantez son zèle :
Mais par un faux éclat je vous crois ébloui.

ORGON

Monsieur mon cher beau-frère, avez-vous tout dit ?

CLÉANTE

Oui.

ORGON

Je suis votre valet.
(Il veut s'en aller.)

They crucify their foe in Heaven's cause.   380
Such knaves are all too common; yet, for the wise,
True piety isn't hard to recognize,
And, happily, these present times provide us
With bright examples to instruct and guide us.
Consider Ariston and Périandre;   385
Look at Oronte, Alcidamas, Clitandre;
Their virtue is acknowledged; who could doubt it?
But you won't hear them beat the drum about it.
They're never ostentatious, never vain,
And their religion's moderate and humane;   390
It's not their way to criticize and chide:
They think censoriousness a mark of pride,
And therefore, letting others preach and rave,
They show, by deeds, how Christians should behave.
They think no evil of their fellow man,   395
But judge of him as kindly as they can.
They don't intrigue and wangle and conspire;
To lead a good life is their one desire;
The sinner wakes no rancorous hate in them;
It is the sin alone which they condemn;   400
Nor do they try to show a fiercer zeal
For Heaven's cause than Heaven itself could feel.
These men I honor, these men I advocate
As models for us all to emulate.
Your man is not their sort at all, I fear: 405
And, while your praise of him is quite sincere,
I think that you've been dreadfully deluded.

ORGON

Now then, dear Brother, is your speech concluded?

CLÉANTE

Why, yes.

ORGON

                Your servant, Sir.

(He turns to go.)

CLÉANTE

De grâce, un mot, mon frère.
Laissons là ce discours. Vous savez que Valère   410
Pour être votre gendre a parole de vous ?

ORGON

Oui.

CLÉANTE

Vous aviez pris jour pour un lien si doux.

ORGON

Il est vrai.

CLÉANTE

Pourquoi donc en différer la fête ?

ORGON

Je ne sais.

CLÉANTE

Auriez-vous autre pensée en tête ?

ORGON

Peut-être.

CLÉANTE

Vous voulez manquer à votre foi ?   415

ORGON

Je ne dis pas cela.

CLÉANTE

Nul obstacle, je crois,
Ne vous peut empêcher d'accomplir vos promesses.

ORGON

Selon.

CLÉANTE

Pour dire un mot faut-il tant de finesses ?
Valère sur ce point me fait vous visiter.

CLÉANTE

No, Brother; wait.
There's one more matter. You agreed of late   410
That young Valère might have your daughter's hand.

ORGON

I did.

CLÉANTE

And set the date, I understand.

ORGON

Quite so.

CLÉANTE

You've now postponed it; is that true?

ORGON

No doubt.

CLÉANTE

The match no longer pleases you?

ORGON

Who knows?

CLÉANTE

D'you mean to go back on your word?   415

ORGON

I won't say that.

CLÉANTE

Has anything occurred
Which might entitle you to break your pledge?

ORGON

Perhaps.

CLÉANTE

Why must you hem, and haw, and hedge?
The boy asked me to sound you in this affair . . .

ORGON

Le Ciel en soit loué !

CLÉANTE

Mais que lui reporter ?   420

ORGON

Tout ce qu'il vous plaira.

CLÉANTE

Mais il est nécessaire
De savoir vos desseins. Quels sont-ils donc ?

ORGON

De faire
Ce que le Ciel voudra.

CLÉANTE

Mais parlons tout de bon.
Valère a votre foi : la tiendrez-vous, ou non ?

ORGON

Adieu.

CLÉANTE

Pour son amour je crains une disgrâce,   425
Et je dois l'avertir de tout ce qui se passe.

ORGON

It's been a pleasure.

CLÉANTE

But what shall I tell Valère?   420

ORGON

Whatever you like.

CLÉANTE

But what have you decided?
What are your plans?

ORGON

I plan, Sir, to be guided
By Heaven's will.

CLÉANTE

Come, Brother, don't talk rot.
You've given Valère your word; will you keep it, or not?

ORGON

Good day.

CLÉANTE

This looks like poor Valère's undoing;   425
I'll go and warn him that there's trouble brewing.

Act II

SCÈNE I

ORGON

Mariane.

MARIANE

Mon père.

ORGON

Approchez, j'ai de quoi
Vous parler en secret.

MARIANE

Que cherchez-vous ?

ORGON *(il regarde dans un petit cabinet.)*

Je vois
Si quelqu'un n'est point là qui pourrait nous entendre;
Car ce petit endroit est propre pour surprendre.   430
Or sus, nous voilà bien. J'ai, Mariane, en vous
Reconnu de tout temps un esprit assez doux,
Et de tout temps aussi vous m'avez été chère.

MARIANE

Je suis fort redevable à cet amour de père.

ORGON

C'est fort bien dit, ma fille; et pour le mériter,   435
Vous devez n'avoir soin que de me contenter.

MARIANE

C'est où je mets aussi ma gloire la plus haute.

ORGON

Fort bien. Que dites-vous de Tartuffe notre hôte ?

SCENE I

ORGON, MARIANE

ORGON

Mariane.

MARIANE

　　Yes, Father?

ORGON

　　　A word with you; come here.

MARIANE

What are you looking for?

ORGON *(Peering into a small closet:)*
　　　　　　Eavesdroppers, dear.
I'm making sure we shan't be overheard.
Someone in there could catch our every word.　　　　430
Ah, good, we're safe. Now, Mariane, my child,
You're a sweet girl who's tractable and mild,
Whom I hold dear, and think most highly of.

MARIANE

I'm deeply grateful, Father, for your love.

ORGON

That's well said, Daughter; and you can repay me　　　435
If, in all things, you'll cheerfully obey me.

MARIANE

To please you, Sir, is what delights me best.

ORGON

Good, good. Now, what d'you think of Tartuffe, our guest?

MARIANE

Qui, moi ?

ORGON

Vous. Voyez bien comme vous répondrez.

MARIANE

Hélas! j'en dirai, moi, tout ce que vous voudrez.   440

ORGON

C'est parler sagement. Dites-moi donc, ma fille,
Qu'en toute sa personne un haut mérite brille,
Qu'il touche votre cœur, et qu'il vous serait doux
De le voir par mon choix devenir votre époux.
Eh ?

MARIANE *(se reculant avec surprise.)*

Eh ?

ORGON

Qu'est-ce ?

MARIANE

Plaît-il ?

ORGON

Quoi ?

MARIANE

Me suis-je méprise ?   445

ORGON

Comment ?

MARIANE

Qui voulez-vous, mon père, que je dise
Qui me touche le cœur, et qu'il me serait doux
De voir par votre choix devenir mon époux ?

ORGON

Tartuffe.

MARIANE

I, Sir?

ORGON

Yes. Weigh your answer; think it through.

MARIANE

Oh, dear. I'll say whatever you wish me to. 440

ORGON

That's wisely said, my Daughter. Say of him, then,
That he's the very worthiest of men,
And that you're fond of him, and would rejoice
In being his wife, if that should be my choice.
Well?

MARIANE

What?

ORGON

What's that?

MARIANE

I . . .

ORGON

Well?

MARIANE

Forgive me, pray. 445

ORGON

Did you not hear me?

MARIANE

Of *whom*, Sir, must I say
That I am fond of him, and would rejoice
In being his wife, if that should be your choice?

ORGON

Why, of Tartuffe.

MARIANE

Il n'en est rien, mon père, je vous jure.
Pourquoi me faire dire une telle imposture ?   450

ORGON

Mais je veux que cela soit une vérité;
Et c'est assez pour vous que je l'aie arrêté.

MARIANE

Quoi ? vous voulez, mon père ?...

ORGON

                              Oui, je prétends, ma fille,
Unir par votre hymen Tartuffe à ma famille.
Il sera votre époux, j'ai résolu cela;   455
Et comme sur vos vœux je...

MARIANE
But, Father, that's false, you know.
Why would you have me say what isn't so?   450

ORGON
Because I am resolved it shall be true.
That it's my wish should be enough for you.

MARIANE
You can't mean, Father . . .

ORGON
Yes, Tartuffe shall be
Allied by marriage to this family,
And he's to be your husband, is that clear?   455
It's a father's privilege . . .

SCÈNE II

DORINE, ORGON, MARIANE

ORGON *(à Dorine.)*
                    Que faites-vous là ?
La curiosité qui vous presse est bien forte,
Ma mie, à nous venir écouter de la sorte.

DORINE

Vraiment, je ne sais pas si c'est un bruit qui part
De quelque conjecture, ou d'un coup de hasard   460
Mais de ce mariage on m'a dit la nouvelle,
Et j'ai traité cela de pure bagatelle.

ORGON

Quoi donc ? la chose est-elle incroyable ?

DORINE

                              A tel point,
Que vous-même, Monsieur, je ne vous en crois point.

ORGON

Je sais bien le moyen de vous le faire croire.   465

DORINE

Oui, oui, vous nous contez une plaisante histoire.

ORGON

Je conte justement ce qu'on verra dans peu.

DORINE

Chansons !

ORGON

                    Ce que je dis, ma fille, n'est point jeu.

SCENE II

DORINE, ORGON, MARIANE

ORGON (*To Dorine:*)
                    What are you doing in here?
Is curiosity so fierce a passion
With you, that you must eavesdrop in this fashion?

DORINE

There's lately been a rumor going about—
Based on some hunch or chance remark, no doubt—   460
That you mean Mariane to wed Tartuffe.
I've laughed it off, of course, as just a spoof.

ORGON

You find it so incredible?

DORINE

                    Yes, I do.
I won't accept that story, even from you.

ORGON

Well, you'll believe it when the thing is done.   465

DORINE

Yes, yes, of course. Go on and have your fun.

ORGON

I've never been more serious in my life.

DORINE

Ha!

ORGON

            Daughter, I mean it; you're to be his wife.

DORINE

Allez, ne croyez point à Monsieur votre père :
Il raille.

ORGON

Je vous dis . . .

DORINE

Non, vous avez beau faire,   470
On ne vous croira point.

ORGON

A la fin mon courroux . . .

DORINE

Hé bien! on vous croit donc, et c'est tant pis pour vous.
Quoi ? se peut-il, Monsieur, qu'avec l'air d'homme sage
Et cette large barbe au milieu du visage,
Vous soyez assez fou pour vouloir ? . . .

ORGON

Écoutez :   475
Vous avez pris céans certaines privautés
Qui ne me plaisent point; je vous le dis, ma mie.

DORINE

Parlons sans nous fâcher, Monsieur, je vous supplie.
Vous moquez-vous des gens d'avoir fait ce complot ?
Votre fille n'est point l'affaire d'un bigot :   480
Il a d'autres emplois auxquels il faut qu'il pense.
Et puis, que vous apporte une telle alliance ?
A quel sujet aller, avec tout votre bien,
Choisir un gendre gueux ? . . .

ORGON

Taisez-vous. S'il n'a rien,
Sachez que c'est par là qu'il faut qu'on le révère.   485
Sa misère est sans doute une honnête misère;
Au-dessus des grandeurs elle doit l'élever,
Puisque enfin de son bien il s'est laissé priver

DORINE

No, don't believe your father; it's all a hoax.

ORGON

See here, young woman . . .

DORINE

                        Come, Sir, no more jokes;   470
You can't fool us.

ORGON

                        How dare you talk that way?

DORINE

All right, then: we believe you, sad to say.
But how a man like you, who looks so wise
And wears a moustache of such splendid size,
Can be so foolish as to . . .

ORGON

                        Silence, please!   475
My girl, you take too many liberties.
I'm master here, as you must not forget.

DORINE

Do let's discuss this calmly; don't be upset.
You can't be serious, Sir, about this plan.
What should that bigot want with Mariane?   480
Praying and fasting ought to keep him busy.
And then, in terms of wealth and rank, what is he?
Why should a man of property like you
Pick out a beggar son-in-law?

ORGON

                        That will do.
Speak of his poverty with reverence.   485
His is a pure and saintly indigence
Which far transcends all worldly pride and pelf.
He lost his fortune, as he says himself,

Par son trop peu de soin des choses temporelles,
Et sa puissante attache aux choses éternelles.   490
Mais mon secours pourra lui donner les moyens
De sortir d'embarras et rentrer dans ses biens :
Ce sont fiefs qu'à bon titre au pays on renomme;
Et tel que l'on le voit, il est bien gentilhomme.

DORINE

Oui, c'est lui qui le dit; et cette vanité,   495
Monsieur, ne sied pas bien avec la piété.
Qui d'une sainte vie embrasse l'innocence
Ne doit point tant prôner son nom et sa naissance,
Et l'humble procédé de la dévotion
Souffre mal les éclats de cette ambition.   500
A quoi bon cet orgueil ?... Mais ce discours vous blesse :
Parlons de sa personne, et laissons sa noblesse.
Ferez-vous possesseur, sans quelque peu d'ennui,
D'une fille comme elle un homme comme lui ?
Et ne devez-vous pas songer aux bienséances,   505
Et de cette union prévoir les conséquences ?
Sachez que d'une fille on risque la vertu,
Lorsque dans son hymen son goût est combattu,
Que le dessein d'y vivre en honnête personne
Dépend des qualités du mari qu'on lui donne,   510
Et que ceux dont partout on montre au doigt le front
Font leurs femmes souvent ce qu'on voit qu'elles sont.
Il est bien difficile enfin d'être fidèle
A de certains maris faits d'un certain modèle;
Et qui donne à sa fille un homme qu'elle hait   515
Est responsable au Ciel des fautes qu'elle fait.
Songez à quels périls votre dessein vous livre.

ORGON

Je vous dis qu'il me faut apprendre d'elle à vivre.

DORINE

Vous n'en feriez que mieux de suivre mes leçons.

Because he cared for Heaven alone, and so
Was careless of his interests here below.   490
I mean to get him out of his present straits
And help him to recover his estates—
Which, in his part of the world, have no small fame.
Poor though he is, he's a gentleman just the same.

DORINE

Yes, so he tells us; and, Sir, it seems to me   495
Such pride goes very ill with piety.
A man whose spirit spurns this dungy earth
Ought not to brag of lands and noble birth;
Such worldly arrogance will hardly square
With meek devotion and the life of prayer.   500
... But this approach, I see, has drawn a blank;
Let's speak, then, of his person, not his rank.
Doesn't it seem to you a trifle grim
To give a girl like her to a man like him?
When two are so ill-suited, can't you see   505
What the sad consequence is bound to be?
A young girl's virtue is imperiled, Sir,
When such a marriage is imposed on her;
For if one's bridegroom isn't to one's taste,
It's hardly an inducement to be chaste;   510
And many a man with horns upon his brow
Has made his wife the thing that she is now.
It's hard to be a faithful wife, in short,
To certain husbands of a certain sort,
And he who gives his daughter to a man she hates   515
Must answer for her sins at Heaven's gates.
Think, Sir, before you play so risky a role.

ORGON

This servant girl presumes to save my soul!

DORINE

You would do well to ponder what I've said.

ORGON

Ne nous amusons point, ma fille, à ces chansons :   520
Je sais ce qu'il vous faut, et je suis votre père.
J'avais donné pour vous ma parole à Valère;
Mais outre qu'à jouer on dit qu'il est enclin,
Je le soupçonne encor d'être un peu libertin :
Je ne remarque point qu'il hante les églises.   525

DORINE

Voulez-vous qu'il y coure à vos heures précises,
Comme ceux qui n'y vont que pour être aperçus ?

ORGON

Je ne demande pas votre avis là-dessus.
(*A Mariane.*)
Enfin avec le Ciel l'autre est le mieux du monde,
Et c'est une richesse à nulle autre seconde,   530
Cet hymen de tous biens comblera vos désirs,
Il sera tout confit en douceurs et plaisirs.
Ensemble vous vivrez, dans vos ardeurs fidèles,
Comme deux vrais enfants, comme deux tourterelles;
A nul fâcheux débat jamais vous n'en viendrez,   535
Et vous ferez de lui tout ce que vous voudrez.

DORINE

Elle ? elle n'en fera qu'un sot, je vous assure.

ORGON

Ouais! quels discours!

DORINE

                          Je dis qu'il en a l'encolure,
Et que son ascendant, Monsieur, l'emportera
Sur toute la vertu que votre fille aura.   540

ORGON

Cessez de m'interrompre, et songez à vous taire,
Sans mettre votre nez où vous n'avez que faire.

ORGON

Daughter, we'll disregard this dunderhead.   520
Just trust your father's judgment. Oh, I'm aware
That I once promised you to young Valère;
But now I hear he gambles, which greatly shocks me;
What's more, I've doubts about his orthodoxy.
His visits to church, I note, are very few.   525

DORINE

Would you have him go at the same hours as you,
And kneel nearby, to be sure of being seen?

ORGON

I can dispense with such remarks, Dorine.
(To Mariane:)
Tartuffe, however, is sure of Heaven's blessing,
And that's the only treasure worth possessing.   530
This match will bring you joys beyond all measure;
Your cup will overflow with every pleasure;
You two will interchange your faithful loves
Like two sweet cherubs, or two turtledoves.
No harsh word shall be heard, no frown be seen,   535
And he shall make you happy as a queen.

DORINE

And she'll make him a cuckold, just wait and see.

ORGON

What language!

DORINE

                      Oh, he's a man of destiny;
He's *made* for horns, and what the stars demand
Your daughter's virtue surely can't withstand.   540

ORGON

Don't interrupt me further. Why can't you learn
That certain things are none of your concern?

DORINE

Je n'en parle, Monsieur, que pour votre intérêt.

(Elle l'interrompt toujours au moment qu'il se retourne pour
parler à sa fille.)

ORGON

C'est prendre trop de soin : taisez-vous, s'il vous plaît.

DORINE

Si l'on ne vous aimait...

ORGON

                              Je ne veux pas qu'on m'aime.   545

DORINE

Et je veux vous aimer, Monsieur, malgré vous-même.

ORGON

Ah!

DORINE

    Votre honneur m'est cher, et je ne puis souffrir
Qu'aux brocards d'un chacun vous alliez vous offrir.

ORGON

Vous ne vous tairez point ?

DORINE

                              C'est une conscience
Que de vous laisser faire une telle alliance.   550

ORGON

Te tairas-tu, serpent, dont les traits effrontés... ?

DORINE

Ah! vous êtes dévot, et vous vous emportez ?

ORGON

Oui, ma bile s'échauffe à toutes ces fadaises,
Et tout résolument je veux que tu te taises.

DORINE

Soit. Mais, ne disant mot, je n'en pense pas moins.   555

DORINE

It's for your own sake that I interfere.
*(She repeatedly interrupts Orgon just as he is turning
to speak to his daughter:)*

ORGON

Most kind of you. Now, hold your tongue, d'you hear?

DORINE

If I didn't love you . . .

ORGON

                Spare me your affection.   545

DORINE

I'll love you, Sir, in spite of your objection.

ORGON

Blast!

DORINE

        I can't bear, Sir, for your honor's sake,
To let you make this ludicrous mistake.

ORGON

You mean to go on talking?

DORINE

              If I didn't protest
This sinful marriage, my conscience couldn't rest.   550

ORGON

If you don't hold your tongue, you little shrew . . .

DORINE

What, lost your temper? A pious man like you?

ORGON

Yes! Yes! You talk and talk. I'm maddened by it.
Once and for all, I tell you to be quiet.

DORINE

Well, I'll be quiet. But I'll be thinking hard.   555

ORGON

Pense, si tu le veux; mais applique tes soins
(Se retournant vers sa fille.)
A ne m'en point parler, ou ... : suffit. Comme sage,
J'ai pesé mûrement toutes choses.

DORINE *(à part.)*
                    J'enrage
De ne pouvoir parler.
(Elle se tait lorsqu'il tourne la tête.)

ORGON
                    Sans être damoiseau,
Tartuffe est fait de sorte ...

DORINE *(à part.)*
                         Oui, c'est un beau museau.   560

ORGON

Que quand tu n'aurais même aucune sympathie
Pour tous les autres dons ...
(Il se retourne devant elle, et la regarde les bras croisés.)

DORINE *(à part)*
                    La voilà bien lotie!
Si j'étais en sa place, un homme assurément
Ne m'épouserait pas de force impunément;
Et je lui ferais voir bientôt après la fête   565
Qu'une femme a toujours une vengeance prête.

ORGON *(à Dorine.)*

Donc de ce que je dis on ne fera nul cas ?

DORINE

De quoi vous plaignez-vous ? Je ne vous parle pas.

ORGON

Qu'est-ce que tu fais donc ?

DORINE
                    Je me parle à moi-même.

ORGON

Think all you like, but you had better guard
That saucy tongue of yours, or I'll . . .
(Turning back to Mariane:)

Now, child,
I've weighed this matter fully.

DORINE *(Aside:)*
It drives me wild

That I can't speak.
(Orgon turns his head, and she is silent.)

ORGON
Tartuffe is no young dandy,

But, still, his person . . .

DORINE *(Aside:)*
Is as sweet as candy.   560

ORGON

Is such that, even if you shouldn't care
For his other merits . . .
(He turns and stands facing Dorine, arms crossed.)

DORINE *(Aside:)*
They'll make a lovely pair.

If I were she, no man would marry me
Against my inclination, and go scot-free.
He'd learn, before the wedding day was over,   565
How readily a wife can find a lover.

ORGON *(To Dorine:)*
It seems you treat my orders as a joke.

DORINE

Why, what's the matter? 'Twas not to you I spoke.

ORGON

What *were* you doing?

DORINE
Talking to myself, that's all.

ORGON

Fort bien. Pour châtier son insolence extrême,   570
Il faut que je lui donne un revers de ma main.
(Il se met en posture de lui donner un soufflet; et Dorine, à chaque coup d'œil qu'il jette, se tient droite sans parler.)
Ma fille, vous devez approuver mon dessein . . .
Croire que le mari . . . que j'ai su vous élire . . .
(A Dorine.)
Que ne te parles-tu ?

DORINE
Je n'ai rien à me dire.

ORGON

Encore un petit mot.

DORINE
Il ne me plaît pas, moi.   575

ORGON

Certes, je t'y guettais.

DORINE
Quelque sotte, ma foi !

ORGON *(en tournant vers Mariane.)*

Enfin, ma fille, il faut payer d'obéissance,
Et montrer pour mon choix entière déférence.

DORINE *(en s'enfuyant.)*

Je me moquerais fort de prendre un tel époux.
(Il lui veut donner un soufflet et la manque.)

ORGON

Vous avez là, ma fille, une peste avec vous,   580
Avec qui sans péché je ne saurais plus vivre.
Je me sens hors d'état maintenant de poursuivre :
Ses discours insolents m'ont mis l'esprit en feu,
Et je vais prendre l'air pour me rasseoir un peu.

ORGON

Ah! *(Aside:)* One more bit of impudence and gall,   570
And I shall give her a good slap in the face.
(He puts himself in position to slap her; Dorine, whenever he glances
at her, stands immobile and silent.)
Daughter, you shall accept, and with good grace,
The husband I've selected . . . Your wedding day . . .
(To Dorine:)
Why don't you talk to yourself?

DORINE

I've nothing to say.

ORGON

Come, just one word.

DORINE

No thank you, Sir. I pass.   575

ORGON

Come, speak; I'm waiting.

DORINE

I'd not be such an ass.

ORGON *(Turning to Mariane:)*

In short, dear Daughter, I mean to be obeyed,
And you must bow to the sound choice I've made.

DORINE *(Moving away.)*

I'd not wed such a monster, even in jest.
(Orgon attempts to slap her, but misses.)

ORGON

Daughter, that maid of yours is a thorough pest;   580
She makes me sinfully annoyed and nettled.
I can't speak further; my nerves are too unsettled.
She's so upset me by her insolent talk,
I'll calm myself by going for a walk.

SCÈNE III

DORINE, MARIANE

DORINE *(elle rentre.)*

Avez-vous donc perdu, dites-moi, la parole,   585
Et faut-il qu'en ceci je fasse votre rôle ?
Souffrir qu'on vous propose un projet insensé,
Sans que du moindre mot vous l'ayez repoussé !

MARIANE

Contre un père absolu que veux-tu que je fasse ?

DORINE

Ce qu'il faut pour parer une telle menace.   590

MARIANE

Quoi ?

DORINE

Lui dire qu'un cœur n'aime point par autrui,
Que vous vous mariez pour vous, non pas pour lui,
Qu'étant celle pour qui se fait toute l'affaire,
C'est à vous, non à lui, que le mari doit plaire,
Et que si son Tartuffe est pour lui si charmant,   595
Il le peut épouser sans nul empêchement.

MARIANE

Un père, je l'avoue, a sur nous tant d'empire
Que je n'ai jamais eu la force de rien dire.

DORINE

Mais raisonnons. Valère a fait pour vous des pas;
L'aimez-vous, je vous prie, ou ne l'aimez-vous pas ?   600

SCENE III

DORINE, MARIANE

DORINE *(Returning:)*
Well, have you lost your tongue, girl? Must I play   585
Your part, and say the lines you ought to say?
Faced with a fate so hideous and absurd,
Can you not utter one dissenting word?

MARIANE
What good would it do? A father's power is great.

DORINE
Resist him now, or it will be too late.   590

MARIANE
But . . .

DORINE
        Tell him one cannot love at a father's whim;
That you shall marry for yourself, not him;
That since it's you who are to be the bride,
It's you, not he, who must be satisfied;
And that if his Tartuffe is so sublime,   595
He's free to marry him at any time.

MARIANE
I've bowed so long to Father's strict control,
I couldn't oppose him now, to save my soul.

DORINE
Come, come, Mariane. Do listen to reason, won't you?
Valère has asked your hand. Do you love him, or
    don't you?   600

MARIANE

Ah! qu'envers mon amour ton injustice est grande,
Dorine! me dois-tu faire cette demande ?
T'ai-je pas là-dessus ouvert cent fois mon cœur,
Et sais-tu pas pour lui jusqu'où va mon ardeur ?

DORINE

Que sais-je si le cœur a parlé par la bouche,   605
Et si c'est tout de bon que cet amant vous touche ?

MARIANE

Tu me fais un grand tort, Dorine, d'en douter,
Et mes vrais sentiments ont su trop éclater.

DORINE

Enfin, vous l'aimez donc ?

MARIANE

                    Oui, d'une ardeur extrême.

DORINE

Et selon l'apparence il vous aime de même ?   610

MARIANE

Je le crois.

DORINE

                Et tous deux brûlez également
De vous voir mariés ensemble ?

MARIANE

                    Assurément.

DORINE

Sur cette autre union quelle est donc votre attente ?

MARIANE

De me donner la mort si l'on me violente.

DORINE

Fort bien: c'est un recours où je ne songeais pas;   615
Vous n'avez qu'à mourir pour sortir d'embarras;

MARIANE

Oh, how unjust of you! What can you mean
By asking such a question, dear Dorine?
You know the depth of my affection for him;
I've told you a hundred times how I adore him.

DORINE

I don't believe in everything I hear;   605
Who knows if your professions were sincere?

MARIANE

They were, Dorine, and you do me wrong to doubt it;
Heaven knows that I've been all too frank about it.

DORINE

You love him, then?

MARIANE

                        Oh, more than I can express.

DORINE

And he, I take it, cares for you no less?   610

MARIANE

I think so.

DORINE

            And you both, with equal fire,
Burn to be married?

MARIANE

                        That is our one desire.

DORINE

What of Tartuffe, then? What of your father's plan?

MARIANE

I'll kill myself, if I'm forced to wed that man.

DORINE

I hadn't thought of that recourse. How splendid!   615
Just die, and all your troubles will be ended!

Le remède sans doute est merveilleux. J'enrage
Lorsque j'entends tenir ces sortes de langage.

MARIANE

Mon Dieu! de quelle humeur, Dorine, tu te rends !
Tu ne compatis point aux déplaisirs des gens.   620

DORINE

Je ne compatis point à qui dit des sornettes
Et dans l'occasion mollit comme vous faites.

MARIANE

Mais que veux-tu? si j'ai de la timidité.

DORINE

Mais l'amour dans un cœur veut de la fermeté.

MARIANE

Mais n'en gardé-je pas pour les feux de Valère ?   625
Et n'est-ce pas à lui de m'obtenir d'un père ?

DORINE

Mais quoi? si votre père est un bourru fieffé,
Qui s'est de son Tartuffe entièrement coiffé
Et manque à l'union qu'il avait arrêtée,
La faute à votre amant doit-elle être imputée ?   630

MARIANE

Mais par un haut refus et d'éclatants mépris
Ferai-je dans mon choix voir un cœur trop épris ?
Sortirai-je pour lui, quelque éclat dont il brille,
De la pudeur du sexe et du devoir de fille ?
Et veux-tu que mes feux par le monde étalés...?   635

DORINE ·

Non, non, je ne veux rien. Je vois que vous voulez
Être à Monsieur Tartuffe; et j'aurais, quand j'y pense,
Tort de vous détourner d'une telle alliance.
Quelle raison aurais-je à combattre vos vœux ?
Le parti de soi-même est fort avantageux.   640
Monsieur Tartuffe! oh! oh! n'est-ce rien qu'on propose ?

A fine solution. Oh, it maddens me
To hear you talk in that self-pitying key.

MARIANE

Dorine, how harsh you are! It's most unfair.
You have no sympathy for my despair. 620

DORINE

I've none at all for people who talk drivel
And, faced with difficulties, whine and snivel.

MARIANE

No doubt I'm timid, but it would be wrong . . .

DORINE

True love requires a heart that's firm and strong.

MARIANE

I'm strong in my affection for Valère, 625
But coping with my father is his affair.

DORINE

But if your father's brain has grown so cracked
Over his dear Tartuffe that he can retract
His blessing, though your wedding day was named,
It's surely not Valère who's to be blamed. 630

MARIANE

If I defied my father, as you suggest,
Would it not seem unmaidenly, at best?
Shall I defend my love at the expense
Of brazenness and disobedience?
Shall I parade my heart's desires, and flaunt . . . 635

DORINE

No, I ask nothing of you. Clearly you want
To be Madame Tartuffe, and I feel bound
Not to oppose a wish so very sound.
What right have I to criticize the match?
Indeed, my dear, the man's a brilliant catch. 640
Monsieur Tartuffe! Now, there's a man of weight!

Certes Monsieur Tartuffe, à bien prendre la chose,
N'est pas un homme, non, qui se mouche du pied,
Et ce n'est pas peu d'heur que d'être sa moitié.
Tout le monde déjà de gloire le couronne;   645
Il est noble chez lui, bien fait de sa personne;
Il a l'oreille rouge et le teint bien fleuri :
Vous vivrez trop contente avec un tel mari.

MARIANE

Mon Dieu!...

DORINE

Quelle allégresse aurez-vous dans votre âme,
Quand d'un époux si beau vous vous verrez la femme !   650

MARIANE

Ha! cesse, je te prie, un semblable discours,
Et contre cet hymen ouvre-moi du secours,
C'en est fait, je me rends, et suis prête à tout faire.

DORINE

Non, il faut qu'une fille obéisse à son père,
Voulût-il lui donner un singe pour époux.   655
Votre sort est fort beau: de quoi vous plaignez-vous ?
Vous irez par le coche en sa petite ville,
Qu'en oncles et cousins vous trouverez fertile,
Et vous vous plairez fort à les entretenir.
D'abord chez le beau monde on vous fera venir;   660
Vous irez visiter, pour votre bienvenue,
Madame la baillive et Madame l'élue,
Qui d'un siège pliant vous feront honorer.
Là, dans le carnaval, vous pourrez espérer
Le bal et la grand-bande, à savoir deux musettes,   665
Et parfois Fagotin et les marionnettes,
Si pourtant votre époux...

MARIANE

Ah ! tu me fais mourir.
De tes conseils plutôt songe à me secourir.

Yes, yes, Monsieur Tartuffe, I'm bound to state,
Is quite a person; that's not to be denied;
'Twill be no little thing to be his bride.
The world already rings with his renown; 645
He's a great noble—in his native town;
His ears are red, he has a pink complexion,
And all in all, he'll suit you to perfection.

MARIANE

Dear God!

DORINE

    Oh, how triumphant you will feel
At having caught a husband so ideal! 650

MARIANE

Oh, do stop teasing, and use your cleverness
To get me out of this appalling mess.
Advise me, and I'll do whatever you say.

DORINE

Ah no, a dutiful daughter must obey
Her father, even if he weds her to an ape. 655
You've a bright future; why struggle to escape?
Tartuffe will take you back where his family lives,
To a small town aswarm with relatives—
Uncles and cousins whom you'll be charmed to meet.
You'll be received at once by the elite, 660
Calling upon the bailiff's wife, no less—
Even, perhaps, upon the mayoress,
Who'll sit you down in the *best* kitchen chair.
Then, once a year, you'll dance at the village fair
To the drone of bagpipes—two of them, in fact— 665
And see a puppet show, or an animal act.
Your husband . . .

MARIANE

    Oh, you turn my blood to ice!
Stop torturing me, and give me your advice.

DORINE

Je suis votre servante.

MARIANE

Eh ! Dorine, de grâce…

DORINE

Il faut, pour vous punir, que cette affaire passe.   670

MARIANE

Ma pauvre fille !

DORINE

Non.

MARIANE

Si mes vœux déclarés…

DORINE

Point: Tartuffe est votre homme, et vous en tâterez.

MARIANE

Tu sais qu'à toi toujours je me suis confiée :
Fais-moi…

DORINE

Non, vous serez, ma foi ! tartuffiée.

MARIANE

Hé bien! puisque mon sort ne saurait t'émouvoir,   675
Laisse-moi désormais toute à mon désespoir :
C'est de lui que mon cœur empruntera de l'aide,
Et je sais de mes maux l'infaillible remède.
(Elle veut s'en aller.)

DORINE

Hé! là, là, revenez. Je quitte mon courroux.
Il faut, nonobstant tout, avoir pitié de vous.   680

DORINE *(Threatening to go:)*

Your servant, Madam.

MARIANE

Dorine, I beg of you . . .

DORINE

No, you deserve it; this marriage must go through.   670

MARIANE

Dorine!

DORINE

No.

MARIANE

Not Tartuffe! You know I think him . . .

DORINE

Tartuffe's your cup of tea, and you shall drink him.

MARIANE

I've always told you everything, and relied . . .

DORINE

No. You deserve to be tartuffified.

MARIANE

Well, since you mock me and refuse to care,   675
I'll henceforth seek my solace in despair:
Despair shall be my counselor and friend,
And help me bring my sorrows to an end.
(She starts to leave.)

DORINE

There now, come back; my anger has subsided.
You do deserve some pity, I've decided.   680

MARIANE

Vois-tu, si l'on m'expose à ce cruel martyre,
Je te le dis, Dorine, il faudra que j'expire.

DORINE

Ne vous tourmentez point. On peut adroitement
Empêcher . . . Mais voici Valère, votre amant.

MARIANE

Dorine, if Father makes me undergo
This dreadful martyrdom, I'll die, I know.

DORINE

Don't fret; it won't be difficult to discover
Some plan of action . . . But here's Valère, your lover.

SCÈNE IV

VALÈRE, MARIANE, DORINE

VALÈRE

On vient de débiter, Madame, une nouvelle 685
Que je ne savais pas, et qui sans doute est belle.

MARIANE

Quoi ?

VALÈRE

Que vous épousez Tartuffe.

MARIANE

Il est certain
Que mon père s'est mis en tête ce dessein.

VALÈRE

Votre père, Madame...

MARIANE

A changé de visée :
La chose vient par lui de m'être proposée. 690

VALÈRE

Quoi ? sérieusement ?

MARIANE

Oui, sérieusement.
Il s'est pour cet hymen déclaré hautement.

VALÈRE

Et quel est le dessein où votre âme s'arrête,
Madame ?

MARIANE

Je ne sais.

SCENE IV

VALÈRE, MARIANE, DORINE

VALÈRE

Madam, I've just received some wondrous news   685
Regarding which I'd like to hear your views.

MARIANE

What news?

VALÈRE

You're marrying Tartuffe.

MARIANE

I find
That Father does have such a match in mind.

VALÈRE

Your father, Madam . . .

MARIANE

. . . has just this minute said
That it's Tartuffe he wishes me to wed.   690

VALÈRE

Can he be serious?

MARIANE

Oh, indeed he can;
He's clearly set his heart upon the plan.

VALÈRE

And what position do you propose to take,
Madam?

MARIANE

Why—I don't know.

VALÈRE

                                        La réponse est honnête.
Vous ne savez ?

MARIANE

            Non.

VALÈRE

            Non ?

MARIANE

                        Que me conseillez-vous ?   695

VALÈRE

Je vous conseille, moi, de prendre cet époux.

MARIANE

Vous me le conseillez ?

VALÈRE

                        Oui.

MARIANE

                        Tout de bon ?

VALÈRE

                                    Sans doute :
Le choix est glorieux, et vaut bien qu'on l'écoute.

MARIANE

Hé bien! c'est un conseil, Monsieur, que je reçois.

VALÈRE

Vous n'aurez pas grand-peine à le suivre, je crois.   700

MARIANE

Pas plus qu'à le donner en a souffert votre âme.

VALÈRE

Moi, je vous l'ai donné pour vous plaire, Madame.

MARIANE

Et moi, je le suivrai pour vous faire plaisir.

VALÈRE

For heaven's sake—

You don't know?

MARIANE

No.

VALÈRE

Well, well!

MARIANE

Advise me, do.   695

VALÈRE

Marry the man. That's my advice to you.

MARIANE

That's your advice?

VALÈRE

Yes.

MARIANE

Truly?

VALÈRE

Oh, absolutely.

You couldn't choose more wisely, more astutely.

MARIANE

Thanks for this counsel; I'll follow it, of course.

VALÈRE

Do, do; I'm sure 'twill cost you no remorse.   700

MARIANE

To give it didn't cause your heart to break.

VALÈRE

I gave it, Madam, only for your sake.

MARIANE

And it's for your sake that I take it, Sir.

DORINE *(à part.)*

Voyons ce qui pourra de ceci réussir.

VALÈRE

C'est donc ainsi qu'on aime ? Et c'était tromperie   705
Quand vous...

MARIANE

Ne parlons point de cela, je vous prie.
Vous m'avez dit tout franc que je dois accepter
Celui que pour époux on me veut présenter :
Et je déclare, moi, que je prétends le faire,
Puisque vous m'en donnez le conseil salutaire.   710

VALÈRE

Ne vous excusez point sur mes intentions.
Vous aviez pris déjà vos résolutions;
Et vous vous saisissez d'un prétexte frivole
Pour vous autoriser à manquer de parole.

MARIANE

Il est vrai, c'est bien dit.

VALÈRE

Sans doute; et votre cœur   715
N'a jamais eu pour moi de véritable ardeur.

MARIANE

Hélas! permis à vous d'avoir cette pensée.

VALÈRE

Oui, oui, permis à moi; mais mon âme offensée
Vous préviendra peut-être en un pareil dessein;
Et je sais où porter et mes vœux et ma main.   720

MARIANE

Ah! je n'en doute point; et les ardeurs qu'excite
Le mérite...

DORINE *(Withdrawing to the rear of the stage:)*
Let's see which fool will prove the stubborner.

VALÈRE

So! I am nothing to you, and it was flat   705
Deception when you . . .

MARIANE
                    Please, enough of that.
You've told me plainly that I should agree
To wed the man my father's chosen for me,
And since you've deigned to counsel me so wisely,
I promise, Sir, to do as you advise me.   710

VALÈRE

Ah, no, 'twas not by me that you were swayed.
No, your decision was already made;
Though now, to save appearances, you protest
That you're betraying me at my behest.

MARIANE

Just as you say.

VALÈRE
                    Quite so. And I now see   715
That you were never truly in love with me.

MARIANE

Alas, you're free to think so if you choose.

VALÈRE

I choose to think so, and here's a bit of news:
You've spurned my hand, but I know where to turn
For kinder treatment, as you shall quickly learn.   720

MARIANE

I'm sure you do. Your noble qualities
Inspire affection . . .

VALÈRE

Mon Dieu, laissons la le mèrite :
J'en ai fort peu sans doute, et vous en faites foi.
Mais j'espère aux bontés qu'une autre aura pour moi.
Et j'en sais de qui l'âme, à ma retraite ouverte,   725
Consentira sans honte à réparer ma perte.

MARIANE

La perte n'est pas grande; et de ce changement
Vous vous consolerez assez facilement.

VALÈRE

J'y ferai mon possible, et vous le pouvez croire.
Un cœur qui nous oublie engage notre gloire;   730
Il faut à l'oublier mettre aussi tous nos soins :
Si l'on n'en vient à bout, on le doit feindre au moins;
Et cette lâcheté jamais ne se pardonne,
De montrer de l'amour pour qui nous abandonne.

MARIANE

Ce sentiment, sans doute, est noble et relevé.   735

VALÈRE

Fort bien; et d'un chacun il doit être approuvé.
Hé quoi? vous voudriez qu'à jamais dans mon âme
Je gardasse pour vous les ardeurs de ma flamme,
Et vous visse, à mes yeux, passer en d'autres bras,
Sans mettre ailleurs un cœur dont vous ne voulez pas ?   740

MARIANE

Au contraire: pour moi, c'est ce que je souhaite;
Et je voudrais déjà que la chose fût faite.

VALÈRE

Vous le voudriez ?

MARIANE

Oui.

VALÈRE

Forget my qualities, please.
They don't inspire you overmuch, I find.
But there's another lady I have in mind
Whose sweet and generous nature will not scorn   725
To compensate me for the loss I've borne.

MARIANE

I'm no great loss, and I'm sure that you'll transfer
Your heart quite painlessly from me to her.

VALÈRE

I'll do my best to take it in my stride.
The pain I feel at being cast aside   730
Time and forgetfulness may put an end to.
Or if I can't forget, I shall pretend to.
No self-respecting person is expected
To go on loving once he's been rejected.

MARIANE

Now, that's a fine, high-minded sentiment.   735

VALÈRE

One to which any sane man would assent.
Would you prefer it if I pined away
In hopeless passion till my dying day?
Am I to yield you to a rival's arms
And not console myself with other charms?   740

MARIANE

Go then: console yourself; don't hesitate.
I wish you to; indeed, I cannot wait.

VALÈRE

You wish me to?

MARIANE

Yes.

VALÈRE

C'est assez m'insulter,
Madame; et de ce pas je vais vous contenter.
(Il fait un pas pour s'en aller et revient toujours.)

MARIANE

Fort bien.

VALÈRE *(en rentrant encore.)*

Souvenez-vous au moins que c'est vous-même
Qui contraignez mon cœur à cet effort extrême.   745

MARIANE

Oui.

VALÈRE *(en rentrant encore.)*

Et que le dessein que mon âme conçoit
N'est rien qu'à votre exemple.

MARIANE

A mon exemple, soit.

VALÈRE

Suffit: vous allez être à point nommé servie.

MARIANE

Tant mieux.

VALÈRE *(en rentrant encore.)*

Vous me voyez, c'est pour toute ma vie.   750

MARIANE

A la bonne heure.

VALÈRE *(Il s'en va, et, lorsqu'il est vers la porte, il se retourne.)*

Euh ?

MARIANE

Quoi ?

VALÈRE

Ne m'appelez-vous pas ?

VALÈRE

That's the final straw.
Madam, farewell. Your wish shall be my law.
(He starts to leave, and then returns: this repeatedly.)

MARIANE

Splendid.

VALÈRE *(Coming back again:)*

This breach, remember, is of your making;
It's you who've driven me to the step I'm taking.   745

MARIANE

Of course.

VALÈRE *(Coming back again:)*

Remember, too, that I am merely
Following your example.

MARIANE

I see that clearly.

VALÈRE

Enough. I'll go and do your bidding, then.

MARIANE

Good.

VALÈRE *(Coming back again:)*

You shall never see my face again.   750

MARIANE

Excellent.

VALÈRE *(Walking to the door, then turning about:)*

Yes?

MARIANE

What?

VALÈRE

What's that? What did you say?

MARIANE

Moi ? Vous rêvez.

VALÈRE

Hé bien ! je poursuis donc mes pas.
Adieu, Madame.
(Il s'eloigne lentement.)

MARIANE

Adieu, Monsieur.

DORINE *(à Mariane.)*

Pour moi, je pense
Que vous perdez l'esprit par cette extravagance :
Et je vous ai laissé tout du long quereller.   755
Pour voir où tout cela pourrait enfin aller.
Holà! seigneur Valère.
(Elle va l'arrêter par le bras, et lui fait mine de grande résistance.)

VALÈRE

Hé! que veux-tu, Dorine ?

DORINE

Venez ici.

VALÈRE

Non, non, le dépit me domine.
Ne me détourne point de ce qu'elle a voulu.

DORINE

Arrêtez.

VALÈRE

Non, vois-tu ? c'est un point résolu.   760

DORINE

Ah !

MARIANE *(à part.)*

Il souffre à me voir, ma présence le chasse,
Et je ferai bien mieux de lui quitter la place.

MARIANE

Nothing. You're dreaming.

VALÈRE

Ah. Well, I'm on my way.

Farewell, *Madame.*

(He moves slowly away.)

MARIANE

Farewell.

DORINE *(To Mariane:)*

If you ask me,

Both of you are as mad as mad can be.

Do stop this nonsense, now. I've only let you   755

Squabble so long to see where it would get you.

Whoa there, Monsieur Valère!

(She goes and seizes Valère by the arm; he makes a great show

of resistance.)

VALÈRE

What's this, Dorine?

DORINE

Come here.

VALÈRE

No, no, my heart's too full of spleen.

Don't hold me back; her wish must be obeyed.

DORINE

Stop!

VALÈRE

It's too late now; my decision's made.   760

DORINE

Oh, pooh!

MARIANE *(Aside:)*

He hates the sight of me, that's plain.

I'll go, and so deliver him from pain.

DORINE. *(Elle quitte Valère et court à Mariane.)*
A l'autre. Où courez-vous?

MARIANE
Laisse.

DORINE
Il faut revenir.

MARIANE
Non, non, Dorine; en vain tu veux me retenir.

VALÈRE *(à part.)*
Je vois bien que ma vue est pour elle un supplice,   765
Et sans doute il vaut mieux que je l'en affranchisse.

DORINE. *(Elle quitte Mariane et court à Valère.)*
Encor ? Diantre soit fait de vous si je le veux !
Cessez ce badinage, et venez çà tous deux.
(Elle les tire l'un et l'autre.)

VALÈRE *(à Dorine.)*
Mais quel est ton dessein?

MARIANE *(à Dorine.)*
Qu'est-ce que tu veux faire ?

DORINE
Vous bien remettre ensemble, et vous tirer d'affaire.   770
(A Valère.)
Êtes-vous fou d'avoir un pareil démêlé ?

VALÈRE
N'as-tu pas entendu comme elle m'a parlé ?

DORINE *(à Mariane.)*
Êtes-vous folle, vous, de vous être emportée ?

MARIANE
N'as-tu pas vu la chose, et comme il m'a traitée ?

DORINE *(Leaving Valère, running after Mariane:)*
And now *you* run away! Come back.

MARIANE
No, no.
Nothing you say will keep me here. Let go!

VALÈRE *(Aside:)*
She cannot bear my presence, I perceive.   765
To spare her further torment, I shall leave.

DORINE *(Leaving Mariane, running after Valère:)*
Again! You'll not escape, Sir; don't you try it.
Come here, you two. Stop fussing, and be quiet.

(She takes Valère by the hand, then Mariane, and draws them together.)

VALÈRE *(To Dorine:)*
What do you want of me?

MARIANE *(To Dorine:)*
What is the point of this?

DORINE
We're going to have a little armistice.   770

(To Valère:)
Now, weren't you silly to get so overheated?

VALÈRE
Didn't you see how badly I was treated?

DORINE *(To Mariane:)*
Aren't you a simpleton, to have lost your head?

MARIANE
Didn't you hear the hateful things he said?

DORINE *(à Valère.)*

Sottise des deux parts. Elle n'a d'autre soin   775
Que de se conserver à vous, j'en suis témoin. .
(A Mariane.)
Il n'aime que vous seule, et n'a point d'autre envie
Que d'être votre époux; j'en réponds sur ma vie.

MARIANE *(à Valère.)*

Pourquoi donc me donner un semblable conseil ?

VALÈRE *(à Mariane.)*

Pourquoi m'en demander sur un sujet pareil ?   780

DORINE

Vous êtes fous tous deux. Çà, la main l'un et l'autre.
Allons, vous.

VALÈRE *(en donnant sa main à Dorine.)*
A quoi bon ma main ?

DORINE *(à Mariane.)*
Ah ! çà, la vôtre.

MARIANE *(en donnant aussi sa main.)*
De quoi sert tout cela ?

DORINE
Mon Dieu ! vite, avancez.
Vous vous aimez tous deux plus que vous ne pensez.
(Valerie et Mariane se tiennent par la main pendent quelques moments sans se regarder.)

VALÈRE

Mais ne faites donc point les choses avec peine,   785
Et regardez un peu les gens sans nulle haine.
(Mariane tourne l'œil sur Valère et fait un petit souris.)

DORINE
A vous dire le vrai, les amants sont bien fous !

DORINE *(To Valère:)*

You're both great fools. Her sole desire, Valère,   775
Is to be yours in marriage. To that I'll swear.
(To Mariane:)
He loves you only, and he wants no wife
But you, Mariane. On that I'll stake my life.

MARIANE *(To Valère:)*

Then why you advised me so, I cannot see.

VALÈRE *(To Mariane:)*

On such a question, why ask advice of *me?*   780

DORINE

Oh, you're impossible. Give me your hands, you two.
(To Valère:)
Yours first.

VALÈRE *(Giving Dorine his hand:)*
But why?

DORINE *(To Mariane:)*
And now a hand from you.

MARIANE *(Also giving Dorine her hand:)*

What are you doing?

DORINE
There: a perfect fit.

You suit each other better than you'll admit.
*(Valère and Mariane hold hands for some time without looking at
each other.)*

VALÈRE *(Turning toward Mariane:)*

Ah, come, don't be so haughty. Give a man   785
A look of kindness, won't you, Mariane?
(Mariane turns toward Valère and smiles.)

DORINE

I tell you, lovers are completely mad!

VALÈRE *(à Mariane.)*

Ho çà, n'ai-je pas lieu de me plaindre de vous ?
Et pour n'en point mentir, n'êtes-vous pas méchante
De vous plaire à me dire une chose affligeante ?   790

MARIANE

Mais vous, n'êtes-vous pas l'homme le plus ingrat … ?

DORINE

Pour une autre saison laissons tout ce débat,
Et songeons à parer ce fâcheux mariage.

MARIANE

Dis-nous donc quels ressorts il faut mettre en usage.

DORINE

Nous en ferons agir de toutes les façons.   795
(A Mariane.)
Votre père se moque, et ce sont des chansons;
Mais pour vous, il vaut mieux qu'à son extravagance
D'un doux consentement vous prêtiez l'apparence,
Afin qu'en cas d'alarme il vous soit plus aisé
De tirer en longueur cet hymen proposé.   800
En attrapant du temps, à tout on remédie.
Tantôt vous payerez de quelque maladie,
Qui viendra tout à coup et voudra des délais;
Tantôt vous payerez de présages mauvais :
Vous aurez fait d'un mort la rencontre fâcheuse,   805
Cassé quelque miroir, ou songé d'eau bourbeuse.
Enfin le bon de tout, c'est qu'à d'autres qu'à lui
On ne vous peut lier, que vous ne disiez « oui ».
Mais pour mieux réussir, il est bon, ce me semble,   810
Qu'on ne vous trouve point tous deux parlant ensemble.
(A Valère.)
Sortez, et sans tardez employez vos amis,
Pour vous faire tenir ce qu'on vous a promis.
Nous allons réveiller les efforts de son frère,
Et dans notre parti jeter la belle-mère.
Adieu.

VALÈRE *(To Mariane:)*

Now come, confess that you were very bad
To hurt my feelings as you did just now.
I have a just complaint, you must allow.   790

MARIANE

You must allow that you were most unpleasant . . .

DORINE

Let's table that discussion for the present;
Your father has a plan which must be stopped.

MARIANE

Advise us, then; what means must we adopt?

DORINE

We'll use all manner of means, and all at once.   795
(To Mariane:)
Your father's addled; he's acting like a dunce.
Therefore you'd better humor the old fossil.
Pretend to yield to him, be sweet and docile,
And then postpone, as often as necessary,
The day on which you have agreed to marry.   800
You'll thus gain time, and time will turn the trick.
Sometimes, for instance, you'll be taken sick,
And that will seem good reason for delay;
Or some bad omen will make you change the day—
You'll dream of muddy water, or you'll pass   805
A dead man's hearse, or break a looking glass.
If all else fails, no man can marry you
Unless you take his ring and say "I do."
But now, let's separate. If they should find
Us talking here, our plot might be divined.   810
(To Valère:)
Go to your friends, and tell them what's occurred,
And have them urge her father to keep his word.
Meanwhile, we'll stir her brother into action,
And get Elmire, as well, to join our faction.
Good-bye.

VALÈRE *(à Mariane.)*

Quelques efforts que nous préparions tous,   815
Ma plus grande espérance, à vrai dire, est en vous.

MARIANE *(à Valère.)*

Je ne vous réponds pas des volontés d'un père;
Mais je ne serai point à d'autre qu'à Valère.

VALÈRE

Que vous me comblez d'aise! Et quoi que puisse oser . . .

DORINE

Ah! jamais les amants ne sont las de jaser.   820
Sortez, vous dis-je.

VALÈRE *(Il fait un pas et revient.)*
Enfin . . .

DORINE
Quel caquet est le vôtre !

(Les poussant chacun par l'épaule.)
Tirez de cette part; et vous, tirez de l'autre.

VALÈRE *(To Mariane:)*
Though each of us will do his best,   815
It's your true heart on which my hopes shall rest.

MARIANE *(To Valère:)*
Regardless of what Father may decide,
None but Valère shall claim me as his bride.

VALÈRE
Oh, how those words content me! Come what will . . .

DORINE
Oh, lovers, lovers! Their tongues are never still.   820
Be off, now.

VALÈRE *(Turning to go, then turning back:)*
One last word . . .

DORINE
No time to chat:
You leave by this door; and *you* leave by that.
(Dorine pushes them, by the shoulders, toward opposing doors.)

Act III

SCÈNE I

DAMIS, DORINE

DAMIS

Que la foudre sur l'heure achève mes destins,
Qu'on me traite partout du plus grand des faquins,
S'il est aucun respect ni pouvoir qui m'arrête,
Et si je ne fais pas quelque coup de ma tête !   825

DORINE

De grâce, modérez un tel emportement :
Votre père n'a fait qu'en parler simplement.
On n'exécute pas tout ce qui se propose,
Et le chemin est long du projet à la chose.   830

DAMIS

Il faut que de ce fat j'arrête les complots,
Et qu'à l'oreille un peu je lui dise deux mots.

DORINE

Ha! tout doux! Envers lui, comme envers votre père,
Laissez agir les soins de votre belle-mère.
Sur l'esprit de Tartuffe elle a quelque crédit;   835
Il se rend complaisant à tout ce qu'elle dit,
Et pourrait bien avoir douceur de cœur pour elle.
Plût à Dieu qu'il fût vrai! la chose serait belle.
Enfin votre intérêt l'oblige à le mander;
Sur l'hymen qui vous trouble elle veut le sonder,   840
Savoir ses sentiments, et lui faire connaître
Quels fâcheux démêlés il pourra faire naître,
S'il faut qu'à ce dessein il prête quelque espoir.
Son valet dit qu'il prie, et je n'ai pu le voir;
Mais ce valet m'a dit qu'il s'en allait descendre.   845
Sortez donc, je vous prie, et me laissez l'attendre.

SCENE I

DAMIS

May lightning strike me even as I speak,
May all men call me cowardly and weak,
If any fear or scruple holds me back   825
From settling things, at once, with that great quack!

DORINE

Now, don't give way to violent emotion.
Your father's merely talked about this notion,
And words and deeds are far from being one.
Much that is talked about is left undone.   830

DAMIS

No, I must stop that scoundrel's machinations;
I'll go and tell him off; I'm out of patience.

DORINE

Do calm down and be practical. I had rather
My mistress dealt with him—and with your father.
She has some influence with Tartuffe, I've noted.   835
He hangs upon her words, seems most devoted,
And may, indeed, be smitten by her charm.
Pray Heaven it's true! 'Twould do our cause no harm.
She sent for him, just now, to sound him out
On this affair you're so incensed about;   840
She'll find out where he stands, and tell him, too,
What dreadful strife and trouble will ensue
If he lends countenance to your father's plan.
I couldn't get in to see him, but his man
Says that he's almost finished with his prayers.   845
Go, now. I'll catch him when he comes downstairs.

DAMIS

Je puis être présent à tout cet entretien.

DORINE

Point. Il faut qu'ils soient seuls.

DAMIS

Je ne lui dirai rien.

DORINE

Vous vous moquez: on sait vos transports ordinaires,
Et c'est le vrai moyen de gâter les affaires.   850
Sortez.

DAMIS

Non: je veux voir, sans me mettre en courroux.

DORINE

Que vous êtes fâcheux ! Il vient. Retirez-vous.
(Damis va se cacher dans un cabinet qui est au fond du théâtre.)

DAMIS

I want to hear this conference, and I will.

DORINE

No, they must be alone.

DAMIS

Oh, I'll keep still.

DORINE

Not you. I know your temper. You'd start a brawl,
And shout and stamp your foot and spoil it all.   850
Go on.

DAMIS

I won't; I have a perfect right . . .

DORINE

Lord, you're a nuisance! He's coming; get out of sight.

(Damis conceals himself in a closet at the rear of the stage.)

TARTUFFE *(apercevant Dorine.)*

Laurent, serrez ma haire avec ma discipline,
Et priez que toujours le Ciel vous illumine.
Si l'on vient pour me voir, je vais aux prisonniers   855
Des aumônes que j'ai partager les deniers.

DORINE *(à part.)*

Que d'affectation et de forfanterie !

TARTUFFE

Que voulez-vous ?

DORINE

Vous dire . . .

TARTUFFE *(Il tire un mouchoir de sa poche.)*

Ah! mon Dieu, je vous prie,
Avant que de parler prenez-moi ce mouchoir.

DORINE

Comment ?

TARTUFFE

Couvrez ce sein que je ne saurais voir :   860
Par de pareils objets les âmes sont blessées,
Et cela fait venir de coupables pensées.

DORINE

Vous êtes donc bien tendre à la tentation,
Et la chair sur vos sens fait grande impression ?
Certes, je ne sais pas quelle chaleur vous monte :   865
Mais à convoiter, moi, je ne suis point si prompte,
Et je vous verrais nu du haut jusques en bas,
Que toute votre peau ne me tenterait pas.

SCENE II

TARTUFFE, LAURENT, DORINE

TARTUFFE (*Observing Dorine, and calling to his manservant offstage:*)
Hang up my hair shirt, put my scourge in place,
And pray, Laurent, for Heaven's perpetual grace.
I'm going to the prison now, to share   855
My last few coins with the poor wretches there.

DORINE (*Aside:*)
Dear God, what affectation! What a fake!

TARTUFFE
You wished to see me?

DORINE
Yes . . .

TARTUFFE (*Taking a handkerchief from his pocket:*)
                        For mercy's sake,
Please take this handkerchief, before you speak.

DORINE
What?

TARTUFFE
Cover that bosom, girl. The flesh is weak,   860
And unclean thoughts are difficult to control.
Such sights as that can undermine the soul.

DORINE
Your soul, it seems, has very poor defenses,
And flesh makes quite an impact on your senses.
It's strange that you're so easily excited;   865
My own desires are not so soon ignited,
And if I saw you naked as a beast,
Not all your hide would tempt me in the least.

TARTUFFE

Mettez dans vos discours un peu de modestie,
Ou je vais sur-le-champ vous quitter la partie.   870

DORINE

Non, non, c'est moi qui vais vous laisser en repos,
Et je n'ai seulement qu'à vous dire deux mots.
Madame va venir dans cette salle basse,
Et d'un mot d'entretien vous demande la grâce.

TARTUFFE

Hélas ! très volontiers.

DORINE *(en soi-même.)*
                    Comme il se radoucit !   875
Ma foi, je suis toujours pour ce que j'en ai dit.

TARTUFFE

Viendra-t-elle bientôt ?

DORINE
                    Je l'entends, ce me semble.
Oui, c'est elle en personne, et je vous laisse ensemble.

TARTUFFE

Girl, speak more modestly; unless you do,
I shall be forced to take my leave of you.   870

DORINE

Oh, no, it's I who must be on my way;
I've just one little message to convey.
Madame is coming down, and begs you, Sir,
To wait and have a word or two with her.

TARTUFFE

Gladly.

DORINE *(Aside:)*

    That had a softening effect!   875
I think my guess about him was correct.

TARTUFFE

Will she be long?

DORINE

    No: that's her step I hear.
Ah, here she is, and I shall disappear.

SCÈNE III

ELMIRE, TARTUFFE

TARTUFFE

Que le Ciel à jamais par sa toute bonté
Et de l'âme et du corps vous donne la santé,   880
Et bénisse vos jours autant que le désire
Le plus humble de ceux que son amour inspire.

ELMIRE

Je suis fort obligée à ce souhait pieux.
Mais prenons une chaise, afin d'être un peu mieux.
(Ils s'asseyent.)

TARTUFFE

Comment de votre mal vous sentez-vous remise ?   885

ELMIRE

Fort bien; et cette fièvre a bientôt quitté prise.

TARTUFFE

Mes prières n'ont pas le mérite qu'il faut
Pour avoir attiré cette grâce d'en haut;
Mais je n'ai fait au Ciel nulle dévote instance
Qui n'ait eu pour objet votre convalescence.   890

ELMIRE

Votre zèle pour moi s'est trop inquiété.

TARTUFFE

On ne peut trop chérir votre chère santé,
Et pour la rétablir j'aurais donné la mienne.

ELMIRE

C'est pousser bien avant la charité chrétienne,
Et je vous dois beaucoup pour toutes ces bontés.   895

SCENE III

ELMIRE, TARTUFFE

TARTUFFE

May Heaven, whose infinite goodness we adore,
Preserve your body and soul forevermore,   880
And bless your days, and answer thus the plea
Of one who is its humblest votary.

ELMIRE

I thank you for that pious wish. But please,
Do take a chair and let's be more at ease.
(They sit down.)

TARTUFFE

I trust that you are once more well and strong?   885

ELMIRE

Oh, yes: the fever didn't last for long.

TARTUFFE

My prayers are too unworthy, I am sure,
To have gained from Heaven this most gracious cure;
But lately, Madam, my every supplication
Has had for object your recuperation.   890

ELMIRE

You shouldn't have troubled so. I don't deserve it.

TARTUFFE

Your health is priceless, Madam, and to preserve it
I'd gladly give my own, in all sincerity.

ELMIRE

Sir, you outdo us all in Christian charity.
You've been most kind. I count myself your debtor.   895

TARTUFFE

Je fais bien moins pour vous que vous ne méritez.

ELMIRE

J'ai voulu vous parler en secret d'une affaire,
Et suis bien aise ici qu'aucun ne nous éclaire.

TARTUFFE

J'en suis ravi de même, et sans doute il m'est doux,
Madame, de me voir seul à seul avec vous :   900
C'est une occasion qu'au Ciel j'ai demandée,
Sans que jusqu'à cette heure il me l'ait accordée.

ELMIRE

Pour moi, ce que je veux, c'est un mot d'entretien,
Où tout votre cœur s'ouvre et ne me cache rien.

TARTUFFE

Et je ne veux aussi pour grâce singulière   905
Que montrer à vos yeux mon âme tout entière,
Et vous faire serment que les bruits que j'ai faits
Des visites qu'ici reçoivent vos attraits
Ne sont pas envers vous l'effet d'aucune haine,
Mais plutôt d'un transport de zèle qui m'entraine,   910
Et d'un pur mouvement...

ELMIRE

                    Je le prends bien aussi,
Et crois que mon salut vous donne ce souci.

TARTUFFE *(Il lui serre le bout des doigts.)*

Oui, Madame, sans doute, et ma ferveur est telle...

ELMIRE

Ouf ! vous me serrez trop.

TARTUFFE

                    C'est par excès de zèle.
De vous faire autre mal je n'eus jamais dessein,   915
Et j'aurais bien plutôt...
(Il lui met la main sur le genou.)

TARTUFFE

'Twas nothing, Madam. I long to serve you better.

ELMIRE

There's a private matter I'm anxious to discuss.
I'm glad there's no one here to hinder us.

TARTUFFE

I too am glad; it floods my heart with bliss
To find myself alone with you like this.   900
For just this chance I've prayed with all my power—
But prayed in vain, until this happy hour.

ELMIRE

This won't take long, Sir, and I hope you'll be
Entirely frank and unconstrained with me.

TARTUFFE

Indeed, there's nothing I had rather do   905
Than bare my inmost heart and soul to you.
First, let me say that what remarks I've made
About the constant visits you are paid
Were prompted not by any mean emotion,
But rather by a pure and deep devotion,   910
A fervent zeal . . .

ELMIRE

               No need for explanation.
Your sole concern, I'm sure, was my salvation.

TARTUFFE *(Taking Elmire's hand and pressing her fingertips:)*
Quite so; and such great fervor do I feel . . .

ELMIRE

Ooh! Please! You're pinching!

TARTUFFE

                  'Twas from excess of zeal.
I never meant to cause you pain, I swear.   915
I'd rather . . .
(He places his hand on Elmire's knee.)

ELMIRE

Que fait là votre main ?

TARTUFFE

Je tâte votre habit: l'étoffe en est moelleuse.

ELMIRE

Ah! de grâce, laissez, je suis fort chatouilleuse.
(Elle recule sa chaise, et Tartuffe rapproche la sienne.)

TARTUFFE *(maniant le fichu d'Elmire.)*

Mon Dieu! que de ce point l'ouvrage est merveilleux !
On travaille aujourd'hui d'un air miraculeux;   920
Jamais, en toute chose, on n'a vu si bien faire.

ELMIRE

Il est vrai. Mais parlons un peu de notre affaire.
On tient que mon mari veut dégager sa foi,
Et vous donner sa fille. Est-il vrai, dites-moi ?

TARTUFFE

Il m'en a dit deux mots; mais, Madame, à vrai dire,   925
Ce n'est pas le bonheur après quoi je soupire;
Et je vois autre part les merveilleux attraits
De la félicité qui fait tous mes souhaits.

ELMIRE

C'est que vous n'aimez rien des choses de la terre.

TARTUFFE

Mon sein n'enferme pas un cœur qui soit de pierre.   930

ELMIRE

Pour moi, je crois qu'au Ciel tendent tous vos soupirs,
Et que rien ici-bas n'arrête vos désirs.

TARTUFFE

L'amour qui nous attache aux beautés éternelles
N'étouffe pas en nous l'amour des temporelles;
Nos sens facilement peuvent être charmés   935
Des ouvrages parfaits que le Ciel a formés.

ELMIRE

> What can your hand be doing there?

TARTUFFE

Feeling your gown; what soft, fine-woven stuff!

ELMIRE

Please, I'm extremely ticklish. That's enough.
(She draws her chair away; Tartuffe pulls his after her.)

TARTUFFE *(Fondling the lace collar of her gown:)*
My, my, what lovely lacework on your dress!
The workmanship's miraculous, no less.   920
I've not seen anything to equal it.

ELMIRE

Yes, quite. But let's talk business for a bit.
They say my husband means to break his word
And give his daughter to you, Sir. Had you heard?

TARTUFFE

He did once mention it. But I confess   925
I dream of quite a different happiness.
It's elsewhere, Madam, that my eyes discern
The promise of that bliss for which I yearn.

ELMIRE

I see: you care for nothing here below.

TARTUFFE

Ah, well—my heart's not made of stone, you know.   930

ELMIRE

All your desires mount heavenward, I'm sure,
In scorn of all that's earthly and impure.

TARTUFFE

A love of heavenly beauty does not preclude
A proper love for earthly pulchritude;
Our senses are quite rightly captivated   935
By perfect works our Maker has created.

Ses attraits réfléchis brillent dans vos pareilles;
Mais il étale en vous ses plus rares merveilles :
Il a sur votre face épanché des beautés
Dont les yeux sont surpris, et les cœurs transportés,   940
Et je n'ai pu vous voir, parfaite créature,
Sans admirer en vous l'auteur de la nature,
Et d'une ardente amour sentir mon cœur atteint,
Au plus beau des portraits où lui-même il s'est peint.
D'abord, j'appréhendai que cette ardeur secrète   945
Ne fût du noir esprit une surprise adroite;
Et même à fuir vos yeux mon cœur se résolut,
Vous croyant un obstacle à faire mon salut.
Mais enfin je connus, ô beauté toute aimable,
Que cette passion peut n'être point coupable,   950
Que je puis l'ajuster avecque la pudeur,
Et c'est ce qui m'y fait abandonner mon cœur.
Ce m'est, je le confesse, une audace bien grande
Que d'oser de ce cœur vous adresser l'offrande;
Mais j'attends en mes vœux tout de votre bonté,   955
Et rien des vains efforts de mon infirmité;
En vous est mon espoir, mon bien, ma quiétude,
De vous dépend ma peine ou ma béatitude,
Et je vais être enfin, par votre seul arrêt,
Heureux, si vous voulez, malheureux, s'il vous plaît.   960

ELMIRE

La déclaration est tout à fait galante,
Mais elle est, à vrai dire, un peu bien surprenante.
Vous deviez, ce me semble, armer mieux votre sein,
Et raisonner un peu sur un pareil dessein.
Un dévot comme vous, et que partout on nomme...   965

TARTUFFE

Ah! pour être dévot, je n'en suis pas moins homme;
Et lorsqu'on vient à voir vos célestes appas,
Un cœur se laisse prendre, et ne raisonne pas.
Je sais qu'un tel discours de moi paraît étrange;

Some glory clings to all that Heaven has made;
In you, all Heaven's marvels are displayed.
On that fair face, such beauties have been lavished,
The eyes are dazzled and the heart is ravished;   940
How could I look on you, O flawless creature,
And not adore the Author of all Nature,
Feeling a love both passionate and pure
For you, his triumph of self-portraiture?
At first, I trembled lest that love should be   945
A subtle snare that Hell had laid for me;
I vowed to flee the sight of you, eschewing
A rapture that might prove my soul's undoing;
But soon, fair being, I became aware
That my deep passion could be made to square   950
With rectitude, and with my bounden duty.
I thereupon surrendered to your beauty.
It is, I know, presumptuous on my part
To bring you this poor offering of my heart,
And it is not my merit, Heaven knows,   955
But your compassion on which my hopes repose.
You are my peace, my solace, my salvation;
On you depends my bliss—or desolation;
I bide your judgment and, as you think best,
I shall be either miserable or blest.   960

ELMIRE

Your declaration is most gallant, Sir,
But don't you think it's out of character?
You'd have done better to restrain your passion
And think before you spoke in such a fashion.
It ill becomes a pious man like you . . .   965

TARTUFFE

I may be pious, but I'm human too:
With your celestial charms before his eyes,
A man has not the power to be wise.
I know such words sound strangely, coming from me,

Mais, Madame, après tout, je ne suis pas un ange;   970
Et si vous condamnez l'aveu que je vous fais,
Vous devez vous en prendre à vos charmants attraits.
Dès que j'en vis briller la splendeur plus qu'humaine,
De mon intérieur vous fûtes souveraine;
De vos regards divins l'ineffable douceur   975
Força la résistance où s'obstinait mon cœur;
Elle surmonta tout, jeûnes, prières, larmes,
Et tourna tous mes vœux du côté de vos charmes.
Mes yeux et mes soupirs vous l'ont dit mille fois,
Et pour mieux m'expliquer j'emploie ici la vòix.   980
Que si vous contemplez d'une âme un peu bénigne
Les tribulations de votre esclave indigne,
S'il faut que vos bontés veuillent me consoler
Et jusqu'à mon néant daignent se ravaler,
J'aurai toujours pour vous, ô suave merveille,   985
Une dévotion à nulle autre pareille.
Votre honneur avec moi ne court point de hasard,
Et n'a nulle disgrâce à craindre de ma part.
Tous ces galants de cour, dont les femmes sont folles,
Sont bruyants dans leurs faits et vains dans leurs paroles,
De leurs progrès sans cesse on les voit se targuer;   990
Ils n'ont point de faveurs qu'ils n'aillent divulguer,
Et leur langue indiscrète, en qui l'on se confie,
Déshonore l'autel où leur cœur sacrifie.
Mais les gens comme nous brûlent d'un feu discret,   995
Avec qui pour toujours on est sûr du secret:
Le soin que nous prenons de notre renommée
Répond de toute chose à la personne aimée,
Et c'est en nous qu'on trouve, acceptant notre cœur,
De l'amour sans scandale et du plaisir sans peur.   1000

ELMIRE

Je vous écoute dire, et votre rhétorique
En termes assez forts à mon âme s'explique.
N'appréhendez-vous point que je ne sois d'humeur
A dire à mon mari cette galante ardeur,

But I'm no angel, nor was meant to be,   970
And if you blame my passion, you must needs
Reproach as well the charms on which it feeds.
Your loveliness I had no sooner seen
Than you became my soul's unrivaled queen;
Before your seraph glance, divinely sweet,   975
My heart's defenses crumbled in defeat,
And nothing fasting, prayer, or tears might do
Could stay my spirit from adoring you.
My eyes, my sighs have told you in the past
What now my lips make bold to say at last,   980
And if, in your great goodness, you will deign
To look upon your slave, and ease his pain,—
If, in compassion for my soul's distress,
You'll stoop to comfort my unworthiness,
I'll raise to you, in thanks for that sweet manna,   985
An endless hymn, an infinite hosanna.
With me, of course, there need be no anxiety,
No fear of scandal or of notoriety.
These young court gallants, whom all the ladies fancy,
Are vain in speech, in action rash and chancy;   990
When they succeed in love, the world soon knows it;
No favor's granted them but they disclose it
And by the looseness of their tongues profane
The very altar where their hearts have lain.
Men of my sort, however, love discreetly,   995
And one may trust our reticence completely.
My keen concern for my good name insures
The absolute security of yours;
In short, I offer you, my dear Elmire,
Love without scandal, pleasure without fear.   1000

ELMIRE

I've heard your well-turned speeches to the end,
And what you urge I clearly apprehend.
Aren't you afraid that I may take a notion
To tell my husband of your warm devotion,

Et que le prompt avis d'un amour de la sorte   1005
Ne pût bien altérer l'amitié qu'il vous porte ?

> TARTUFFE

Je sais que vous avez trop de bénignité,
Et que vous ferez grâce à ma témérité,
Que vous m'excuserez sur l'humaine faiblesse
Des violents transports d'un amour qui vous blesse,   1010
Et considérerez, en regardant votre air,
Que l'on n'est pas aveugle, et qu'un homme est de chair.

> ELMIRE

D'autres prendraient cela d'autre façon peut-être;
Mais ma discrétion se veut faire paraître.
Je ne redirai point l'affaire à mon époux;   1015
Mais je veux en revanche une chose de vous:
C'est de presser tout franc et sans nulle chicane
L'union de Valère avecque Mariane,
De renoncer vous-même à l'injuste pouvoir
Qui veut du bien d'un autre enrichir votre espoir,   1020
Et...

And that, supposing he were duly told,   1005
His feelings toward you might grow rather cold?

TARTUFFE

I know, dear lady, that your exceeding charity
Will lead your heart to pardon my temerity;
That you'll excuse my violent affection
As human weakness, human imperfection;   1010
And that—O fairest!—you will bear in mind
That I'm but flesh and blood, and am not blind.

ELMIRE

Some women might do otherwise, perhaps,
But I shall be discreet about your lapse;
I'll tell my husband nothing of what's occurred   1015
If, in return, you'll give your solemn word
To advocate as forcefully as you can
The marriage of Valère and Mariane,
Renouncing all desire to dispossess
Another of his rightful happiness,   1020
And . . .

SCÈNE IV

DAMIS *(sortant du petit cabinet où il s'était retiré.)*
Non, Madame, non: ceci doit se répandre.
J'étais en cet endroit, d'où j'ai pu tout entendre;
Et la bonté du Ciel m'y semble avoir conduit
Pour confondre l'orgueil d'un traître qui me nuit,
Pour m'ouvrir une voie à prendre la vengeance   1025
De son hypocrisie et de son insolence,
A détromper mon père, et lui mettre en plein jour
L'âme d'un scélérat qui vous parle d'amour.

ELMIRE
Non, Damis: il suffit qu'il se rende plus sage,
Et tâche à mériter la grâce où je m'engage.   1030
Puisque je l'ai promis, ne m'en dédites pas.
Ce n'est point mon humeur de faire des éclats :
Une femme se rit de sottises pareilles,
Et jamais d'un mari n'en trouble les oreilles.

DAMIS
Vous avez vos raisons pour en user ainsi,   1035
Et pour faire autrement j'ai les miennes aussi.
Le vouloir épargner est une raillerie;
Et l'insolent orgueil de sa cagoterie
N'a triomphé que trop de mon juste courroux,
Et que trop excité de désordre chez nous.   1040
Le fourbe trop longtemps a gouverné mon père,
Et desservi mes feux avec ceux de Valère.
Il faut que du perfide il soit désabusé,
Et le Ciel pour cela m'offre un moyen aisé.
De cette occasion je lui suis redevable,   1045
Et pour la négliger, elle est trop favorable:

SCENE IV

DAMIS *(Emerging from the closet where he has been hiding:)*
    No! We'll not hush up this vile affair;
I heard it all inside that closet there,
Where Heaven, in order to confound the pride
Of this great rascal, prompted me to hide.
Ah, now I have my long-awaited chance   1025
To punish his deceit and arrogance,
And give my father clear and shocking proof
Of the black character of his dear Tartuffe.

ELMIRE

Ah no, Damis; I'll be content if he
Will study to deserve my leniency.   1030
I've promised silence—don't make me break my word;
To make a scandal would be too absurd.
Good wives laugh off such trifles, and forget them;
Why should they tell their husbands, and upset them?

DAMIS

You have your reasons for taking such a course,   1035
And I have reasons, too, of equal force.
To spare him now would be insanely wrong.
I've swallowed my just wrath for far too long
And watched this insolent bigot bringing strife
And bitterness into our family life.   1040
Too long he's meddled in my father's affairs,
Thwarting my marriage hopes, and poor Valère's.
It's high time that my father was undeceived,
And now I've proof that can't be disbelieved—
Proof that was furnished me by Heaven above.   1045
It's too good not to take advantage of.

Ce serait mériter qu'il me la vînt ravir
Que de l'avoir en main et ne m'en pas servir.

ELMIRE

Damis . . .

DAMIS

     Non, s'il vous plait, il faut que je me croie.
Mon âme est maintenant au comble de sa joie;   1050
Et vos discours en vain prétendent m'obliger
A quitter le plaisir de me pouvoir venger.
Sans aller plus avant, je vais vider l'affaire;
Et voici justement de quoi me satisfaire.

This is my chance, and I deserve to lose it
If, for one moment, I hesitate to use it.

ELMIRE

Damis . . .

DAMIS

      No, I must do what I think right.
Madam, my heart is bursting with delight,   1050
And, say whatever you will, I'll not consent
To lose the sweet revenge on which I'm bent.
I'll settle matters without more ado;
And here, most opportunely, is my cue.

SCÈNE V

DAMIS

Nous allons régaler, mon père, votre abord   1055
D'un incident tout frais qui vous surprendra fort.
Vous êtes bien payé de toutes vos caresses,
Et Monsieur d'un beau prix reconnaît vos tendresses.
Son grand zèle pour vous vient de se déclarer :
Il ne va pas à moins qu'à vous déshonorer;   1060
Et je l'ai surpris là qui faisait à Madame
L'injurieux aveu d'une coupable flamme.
Elle est d'une humeur douce, et son cœur trop discret
Voulait à toute force en garder le secret;
Mais je ne puis flatter une telle impudence,   1065
Et crois que vous la taire est vous faire une offense.

ELMIRE

Oui, je tiens que jamais de tous ces vains propos
On ne doit d'un mari traverser le repos,
Que ce n'est point de là que l'honneur peut dépendre,
Et qu'il suffit pour nous de savoir nous défendre :   1070
Ce sont mes sentiments; et vous n'auriez rien dit,
Damis, si j'avais eu sur vous quelque crédit.

SCENE V

DAMIS

Father, I'm glad you've joined us. Let us advise you   1055
Of some fresh news which doubtless will surprise you.
You've just now been repaid with interest
For all your loving-kindness to our guest.
He's proved his warm and grateful feelings toward you;
It's with a pair of horns he would reward you.   1060
Yes, I surprised him with your wife, and heard
His whole adulterous offer, every word.
She, with her all too gentle disposition,
Would not have told you of his proposition;
But I shall not make terms with brazen lechery,   1065
And feel that not to tell you would be treachery.

ELMIRE

And I hold that one's husband's peace of mind
Should not be spoilt by tattle of this kind.
One's honor doesn't require it: to be proficient
In keeping men at bay is quite sufficient.   1070
These are my sentiments, and I wish, Damis,
That you had heeded me and held your peace.

SCÈNE VI

ORGON

Ce que je viens d'entendre, ô Ciel ! est-il croyable ?

TARTUFFE

Oui, mon frère, je suis un méchant, un coupable,
Un malheureux pécheur, tout plein d'iniquité,   1075
Le plus grand scélérat qui jamais ait été;
Chaque instant de ma vie est chargé de souillures;
Elle n'est qu'un amas de crimes et d'ordures;
Et je vois que le Ciel, pour ma punition,
Me veut mortifier en cette occasion.   1080
De quelque grand forfait qu'on me puisse reprendre,
Je n'ai garde d'avoir l'orgueil de m'en défendre.
Croyez ce qu'on vous dit, armez votre courroux,
Et comme un criminel chassez-moi de chez vous :
Je ne saurais avoir tant de honte en partage,   1085
Que je n'en aie encor mérité davantage.

ORGON (à son fils.)

Ah! traître, oses-tu bien par cette fausseté
Vouloir de sa vertu ternir la pureté ?

DAMIS

Quoi? la feinte douceur de cette âme hypocrite
Vous fera démentir . . .

ORGON

Taïs-toi, peste maudite.   1090

TARTUFFE

Ah ! laissez-le parler: vous l'accusez à tort,
Et vous ferez bien mieux de croire à son rapport.
Pourquoi sur un tel fait m'être si favorable ?

SCENE VI

ORGON

Can it be true, this dreadful thing I hear?

TARTUFFE

Yes, Brother, I'm a wicked man, I fear:
A wretched sinner, all depraved and twisted,   1075
The greatest villain that has ever existed.
My life's one heap of crimes, which grows each minute;
There's naught but foulness and corruption in it;
And I perceive that Heaven, outraged by me,
Has chosen this occasion to mortify me.   1080
Charge me with any deed you wish to name;
I'll not defend myself, but take the blame.
Believe what you are told, and drive Tartuffe
Like some base criminal from beneath your roof;
Yes, drive me hence, and with a parting curse: 1085
I shan't protest, for I deserve far worse.

ORGON (*To Damis:*)

Ah, you deceitful boy, how dare you try
To stain his purity with so foul a lie?

DAMIS

What! Are you taken in by such a bluff?
Did you not hear . . .?

ORGON

                            Enough, you rogue, enough!   1090

TARTUFFE

Ah, Brother, let him speak: you're being unjust.
Believe his story; the boy deserves your trust.
Why, after all, should you have faith in me?

Savez-vous, après tout, de quoi je suis capable ?
Vous fiez-vous, mon frère, à mon extérieur ?   1095
Et, pour tout ce qu'on voit, me croyez-vous meilleur ?
Non, non: vous vous laissez tromper à l'apparence,
Et je ne suis rien moins, hélas! que ce qu'on pense;
Tout le monde me prend pour un homme de bien;
Mais la vérité pure est que je ne vaux rien.   1100

(S'adressant à Damis.)

Oui, mon cher fils, parlez; traitez-moi de perfide,
D'infâme, de perdu, de voleur, d'homicide;
Accablez-moi de noms encor plus détestés :
Je n'y contredis point, je les ai mérités;
Et j'en veux à genoux souffrir l'ignominie,   1105
Comme une honte due aux crimes de ma vie.

                    ORGON *(à Tartuffe.)*

Mon frère, c'en est trop.

(A son fils.)

                         Ton cœur ne se rend point, Traître ?

                         DAMIS

Quoi ? ses discours vous séduiront au point . . .

                              ORGON

Tais-toi, pendard.

(A Tartuffe.)

                         Mon frère, eh ! levez-vous, de grâce !

(A son fils.)
Infâme !

                              DAMIS

          Il peut . . .

                              ORGON

          Tais-toi.

                              DAMIS

                    J'enrage ! Quoi ? je passe . . .   1110

How can you know what I might do, or be?
Is it on my good actions that you base   1095
Your favor? Do you trust my pious face?
Ah, no, don't be deceived by hollow shows;
I'm far, alas, from being what men suppose;
Though the world takes me for a man of worth,
I'm truly the most worthless man on earth.   1100
(To Damis:)
Yes, my dear son, speak out now: call me the chief
Of sinners, a wretch, a murderer, a thief;
Load me with all the names men most abhor;
I'll not complain; I've earned them all, and more;
I'll kneel here while you pour them on my head   1105
As a just punishment for the life I've led.

ORGON *(To Tartuffe:)*

This is too much, dear Brother.
(To Damis:)
                                    Have you no heart?

DAMIS

Are you so hoodwinked by this rascal's art . . . ?

ORGON

Be still, you monster.
(To Tartuffe:)
                        Brother, I pray you, rise.
(To Damis:)
Villain!

DAMIS
            But . . .

ORGON
            Silence!

DAMIS
            Can't you realize . . . ?   1110

ORGON

Si tu dis un seul mot, je te romprai les bras.

TARTUFFE

Mon frère, au nom de Dieu, ne vous emportez pas.
J'aimerais mieux souffrir la peine la plus dure
Qu'il eût reçu pour moi la moindre égratignure.

ORGON *(à son fils.)*

Ingrat !

TARTUFFE

    Laissez-le en paix. S'il faut, à deux genoux,   1115
Vous demander sa grâce . . .

ORGON *(à Tartuffe.)*

          Hélas ! vous moquez-vous ?
(A son fils.)
Coquin! vois sa bonté.

DAMIS

    Donc . . .

ORGON

    Paix.

DAMIS

      Quoi ? je . . .

ORGON

          Paix, dis-je.
Je sais bien quel motif à l'attaquer t'oblige :
Vous le haïssez tous; et je vois aujourd'hui
Femme, enfants et valets déchaînés contre lui;   1120
On met impudemment toute chose en usage,
Pour ôter de chez moi ce dévot personnage.
Mais plus on fait d'effort afin de l'en bannir,
Plus j'en veux employer à l'y mieux retenir;
Et je vais me hâter de lui donner ma fille,   1125
Pour confondre l'orgueil de toute ma famille.

ORGON

Just one word more, and I'll tear you limb from limb.

TARTUFFE

In God's name, Brother, don't be harsh with him.
I'd rather far be tortured at the stake
Than see him bear one scratch for my poor sake.

ORGON *(To Damis:)*

Ingrate!

TARTUFFE

    If I must beg you, on bended knee,   1115
To pardon him . . .

ORGON *(Falling to his knees.)*

(To Tartuffe:)
        Such goodness cannot be!

(To Damis:)
Now, *there's* true charity!

DAMIS

What, you . . .?

ORGON

          Villain, be still!
I know your motives; I know you wish him ill:
Yes, all of you—wife, children, servants, all—
Conspire against him and desire his fall,   1120
Employing every shameful trick you can
To alienate me from this saintly man.
Ah, but the more you seek to drive him away,
The more I'll do to keep him. Without delay,
I'll spite this household and confound its pride   1125
By giving him my daughter as his bride.

DAMIS

A recevoir sa main on pense l'obliger ?

ORGON

Oui, traître, et dès ce soir, pour vous faire enrager.
Ah ! je vous brave tous, et vous ferai connaître
Qu'il faut qu'on m'obéisse et que je suis le maître.   1130
Allons, qu'on se rétracte, et qu'à l'instant, fripon,
On se jette à ses pieds pour demander pardon.

DAMIS

Qui, moi ? de ce coquin, qui, par ses impostures...

ORGON

Oh ! tu résistes, gueux, et lui dis des injures ?
(A Tartuffe.)
Un bâton ! un bâton ! Ne me retenez pas.   1135
(A son fils.)
Sus, que de ma maison on sorte de ce pas,
Et que d'y revenir on n'ait jamais l'audace.

DAMIS

Oui, je sortirai; mais...

ORGON

                      Vite, quittons la place.
Je te prive, pendard, de ma succession,
Et te donne de plus ma malédiction.   1140

DAMIS

You're going to force her to accept his hand?

ORGON

Yes, and this very night, d'you understand?
I shall defy you all, and make it clear
That I'm the one who gives the orders here.   1130
Come, wretch, kneel down and clasp his blessed feet,
And ask his pardon for your black deceit.

DAMIS

I ask that swindler's pardon? Why, I'd rather . . .

ORGON

So! You insult him, and defy your father!
(To Tartuffe:)
A stick! A stick! No, no—release me, do.   1135
(To Damis:)
Out of my house this minute! Be off with you,
And never dare set foot in it again.

DAMIS

Well, I shall go, but . . .

ORGON

Well, go quickly, then.
I disinherit you; an empty purse
Is all you'll get from me—except my curse!   1140

SCÈNE VII

ORGON, TARTUFFE

ORGON

Offenser de la sorte une sainte personne !

TARTUFFE

O Ciel, pardonne-lui la douleur qu'il me donne !
(A Orgon.)
Si vous pouviez savoir avec quel déplaisir
Je vois qu'envers mon frère on tâche à me noircir...

ORGON

Hélas !

TARTUFFE

Le seul penser de cette ingratitude   1145
Fait souffrir à mon âme un supplice si rude...
L'horreur que j'en conçois...J'ai le cœur si serré
Que je ne puis parler, et crois que j'en mourrai.

ORGON

(Il court tout en larmes à la porte par où il a chassé son fils.)
Coquin ! je me repens que ma main t'ait fait grâce,
Et ne t'ait pas d'abord assommé sur la place.   1150
Remettez-vous, mon frère, et ne vous fâchez pas.

TARTUFFE

Rompons, rompons le cours de ces fâcheux débats.
Je regarde céans quels grands troubles j'apporte,
Et crois qu'il est besoin, mon frère, que j'en sorte.

ORGON

Comment ? vous moquez-vous?

SCENE VII

ORGON, TARTUFFE

ORGON

How he blasphemed your goodness! What a son!

TARTUFFE

Forgive him, Lord, as I've already done.
(To Orgon:)
You can't know how it hurts when someone tries
To blacken me in my dear Brother's eyes.

ORGON

Ahh!

TARTUFFE

    The mere thought of such ingratitude   1145
Plunges my soul into so dark a mood...
Such horror grips my heart... I gasp for breath,
And cannot speak, and feel myself near death.

ORGON

(He runs, in tears, to the door through which he has just driven his son.)
You blackguard! Why did I spare you? Why did I not
Break you in little pieces on the spot?   1150
Compose yourself, and don't be hurt, dear friend.

TARTUFFE

These scenes, these dreadful quarrels, have got to end.
I've much upset your household, and I perceive
That the best thing will be for me to leave.

ORGON

What are you saying!

TARTUFFE

On m'y hait, et je vois   1155
Qu'on cherche à vous donner des soupçons de ma foi.

ORGON

Qu'importe ? Voyez-vous que mon cœur les écoute ?

TARTUFFE

On ne manquera pas de poursuivre, sans doute;
Et ces mêmes rapports qu'ici vous rejetez
Peut-être une autre fois seront-ils écoutés.   1160

ORGON

Non, mon frère, jamais.

TARTUFFE

Ah ! mon frère, une femme
Aisément d'un mari peut bien surprendre l'âme.

ORGON

Non, non.

TARTUFFE

Laissez-moi vite, en m'éloignant d'ici,
Leur ôter tout sujet de m'attaquer ainsi.

ORGON

Non, vous demeurerez: il y va de ma vie.   1165

TARTUFFE

Hé bien! il faudra donc que je me mortifie.
Pourtant, si vous vouliez...

ORGON

Ah!

TARTUFFE

Soit: n'en parlons plus.
Mais je sais comme il faut en user là-dessus.
L'honneur est délicat, et l'amitié m'engage
A prévenir les bruits et les sujets d'ombrage.   1170
Je fuirai votre épouse, et vous ne me verrez...

TARTUFFE

They're all against me here;   1155

They'd have you think me false and insincere.

ORGON

Ah, what of that? Have I ceased believing in you?

TARTUFFE

Their adverse talk will certainly continue,
And charges which you now repudiate
You may find credible at a later date.   1160

ORGON

No, Brother, never.

TARTUFFE

Brother, a wife can sway

Her husband's mind in many a subtle way.

ORGON

No, no.

TARTUFFE

To leave at once is the solution;

Thus only can I end their persecution.

ORGON

No, no, I'll not allow it; you shall remain.   1165

TARTUFFE

Ah, well; 'twill mean much martyrdom and pain,
But if you wish it . . .

ORGON

Ah!

TARTUFFE

Enough; so be it.

But one thing must be settled, as I see it.
For your dear honor, and for our friendship's sake,
There's one precaution I feel bound to take.   1170
I shall avoid your wife, and keep away . . .

ORGON

Non, en dépit de tous, vous la fréquenterez.

Faire enrager le monde est ma plus grande joie,

Et je veux qu'à toute heure avec elle on vous voie.

Ce n'est pas tout encor: pour les mieux braver tous,   1175

Je ne veux point avoir d'autre héritier que vous,

Et je vais de ce pas, en fort bonne manière,

Vous faire de mon bien donation entière.

Un bon et franc ami, que pour gendre je prends,

M'est bien plus cher que fils, que femme, et que parents.   1180

N'accepterez-vous pas ce que je vous propose ?

TARTUFFE

La volonté du Ciel soit faite en toute chose.

ORGON

Le pauvre homme! Allons vite en dresser un écrit,

Et que puisse l'envie en crever de dépit !

ORGON

No, you shall not, whatever they may say.
It pleases me to vex them, and for spite
I'd have them see you with her day and night.
What's more, I'm going to drive them to despair   1175
By making you my only son and heir;
This very day, I'll give to you alone
Clear deed and title to everything I own.
A dear, good friend and son-in-law-to-be
Is more than wife, or child, or kin to me.   1180
Will you accept my offer, dearest son?

TARTUFFE

In all things, let the will of Heaven be done.

ORGON

Poor fellow! Come, we'll go draw up the deed.
Then let them burst with disappointed greed!

Act IV

SCÈNE I

CLÉANTE

Oui, tout le monde en parle, et vous m'en pouvez croire,   1185
L'éclat que fait ce bruit n'est point à votre gloire;
Et je vous ai trouvé, Monsieur, fort à propos,
Pour vous en dire net ma pensée en deux mots.
Je n'examine point à fond ce qu'on expose;
Je passe là-dessus, et prends au pis la chose.   1190
Supposons que Damis n'en ait pas bien usé,
Et que ce soit à tort qu'on vous ait accusé :
N'est-il pas d'un chrétien de pardonner l'offense,
Et d'éteindre en son cœur tout désir de vengeance ?
Et devez-vous souffrir, pour votre démêlé,   1195
Que du logis d'un père un fils soit exilé ?
Je vous le dis encore, et parle avec franchise,
Il n'est petit ni grand qui ne s'en scandalise;
Et si vous m'en croyez, vous pacifierez tout,
Et ne pousserez point les affaires à bout.   1200
Sacrifiez à Dieu toute votre colère,
Et remettez le fils en grâce avec le père.

TARTUFFE

Hélas! je le voudrais, quant à moi, de bon cœur :
Je ne garde pour lui, Monsieur, aucune aigreur;
Je lui pardonne tout, de rien je ne le blâme,   1205
Et voudrais le servir du meilleur de mon âme;
Mais l'intérêt du Ciel n'y saurait consentir,
Et s'il rentre céans, c'est à moi d'en sortir.
Après son action, qui n'eut jamais d'égale,
Le commerce entre nous porterait du scandale :   1210
Dieu sait ce que d'abord tout le monde en croirait !
A pure politique on me l'imputerait;

SCENE I

CLÉANTE

Yes, all the town's discussing it, and truly,   1185
Their comments do not flatter you unduly.
I'm glad we've met, Sir, and I'll give my view
Of this sad matter in a word or two.
As for who's guilty, that I shan't discuss;
Let's say it was Damis who caused the fuss;   1190
Assuming, then, that you have been ill-used
By young Damis, and groundlessly accused,
Ought not a Christian to forgive, and ought
He not to stifle every vengeful thought?
Should you stand by and watch a father make   1195
His only son an exile for your sake?
Again I tell you frankly, be advised:
The whole town, high and low, is scandalized;
This quarrel must be mended, and my advice is
Not to push matters to a further crisis.   1200
No, sacrifice your wrath to God above,
And help Damis regain his father's love.

TARTUFFE

Alas, for my part I should take great joy
In doing so. I've nothing against the boy.
I pardon all, I harbor no resentment;   1205
To serve him would afford me much contentment.
But Heaven's interest will not have it so:
If he comes back, then I shall have to go.
After his conduct—so extreme, so vicious—
Our further intercourse would look suspicious.   1210
God knows what people would think! Why, they'd describe
My goodness to him as a sort of bribe;

Et l'on dirait partout que, me sentant coupable,
Je feins pour qui m'accuse un zèle charitable,
Que mon cœur l'appréhende et veut le ménager,   1215
Pour le pouvoir sous main au silence engager.

CLÉANTE

Vous nous payez ici d'excuses colorées,
Et toutes vos raisons, Monsieur, sont trop tirées.
Des intérêts du Ciel pourquoi vous chargez-vous ?
Pour punir le coupable a-t-il besoin de nous ?   1220
Laissez-lui, laissez-lui le soin de ses vengeances :
Ne songez qu'au pardon qu'il prescrit des offenses;
Et ne regardez point aux jugements humains,
Quand vous suivez du Ciel les ordres souverains.
Quoi? le faible intérêt de ce qu'on pourra croire   1225
D'une bonne action empêchera la gloire ?
Non, non: faisons toujours ce que le Ciel prescrit,
Et d'aucun autre soin ne nous brouillons l'esprit.

TARTUFFE

Je vous ai déjà dit que mon cœur lui pardonne,
Et c'est faire, Monsieur, ce que le Ciel ordonne;   1230
Mais après le scandale et l'affront d'aujourd'hui,
Le Ciel n'ordonne pas que je vive avec lui.

CLÉANTE

Et vous ordonne-t-il, Monsieur, d'ouvrir l'oreille
A ce qu'un pur caprice à son père conseille,
Et d'accepter le don qui vous est fait d'un bien   1235
Où le droit vous oblige à ne prétendre rien ?

TARTUFFE

Ceux qui me connaîtront n'auront pas la pensée
Que ce soit un effet d'une âme intéressée.
Tous les biens de ce monde ont pour moi peu d'appas,
De leur éclat trompeur je ne m'éblouis pas;   1240
Et si je me résous à recevoir du père
Cette donation qu'il a voulu me faire,
Ce n'est, à dire vrai, que parce que je crains

They'd say that out of guilt I made pretense
Of loving-kindness and benevolence—
That, fearing my accuser's tongue, I strove   1215
To buy his silence with a show of love.

CLÉANTE

Your reasoning is badly warped and stretched,
And these excuses, Sir, are most far-fetched.
Why put yourself in charge of Heaven's cause?
Does Heaven need our help to enforce its laws?   1220
Leave vengeance to the Lord, Sir; while we live,
Our duty's not to punish, but forgive;
And what the Lord commands, we should obey
Without regard to what the world may say.
What! Shall the fear of being misunderstood   1225
Prevent our doing what is right and good?
No, no; let's simply do what Heaven ordains,
And let no other thoughts perplex our brains.

TARTUFFE

Again, Sir, let me say that I've forgiven
Damis, and thus obeyed the laws of Heaven;   1230
But I am not commanded by the Bible
To live with one who smears my name with libel.

CLÉANTE

Were you commanded, Sir, to indulge the whim
Of poor Orgon, and to encourage him
In suddenly transferring to your name   1235
A large estate to which you have no claim?

TARTUFFE

'Twould never occur to those who know me best
To think I acted from self-interest.
The treasures of this world I quite despise;
Their specious glitter does not charm my eyes;   1240
And if I have resigned myself to taking
The gift which my dear Brother insists on making,
I do so only, as he well understands,

Que tout ce bien ne tombe en de méchantes mains,
Qu'il ne trouve des gens qui, l'ayant en partage,   1245
En fassent dans le monde un criminel usage,
Et ne s'en servent pas, ainsi que j'ai dessein,
Pour la gloire du Ciel et le bien du prochain.

CLÉANTE

Hé, Monsieur, n'ayez point ces délicates craintes,
Qui d'un juste héritier peuvent causer les plaintes;   1250
Souffrez, sans vous vouloir embarrasser de rien,
Qu'il soit à ses périls possesseur de son bien;
Et songez qu'il vaut mieux encor qu'il en mésuse
Que si de l'en frustrer il faut qu'on vous accuse.
J'admire seulement que sans confusion   1255
Vous en ayez souffert la proposition;
Car enfin le vrai zèle a-t-il quelque maxime
Qui montre à dépouiller l'héritier légitime ?
Et s'il faut que le Ciel dans votre cœur ait mis
Un invincible obstacle à vivre avec Damis,   1260
Ne vaudrait-il pas mieux qu'en personne discrète
Vous fissiez de céans une honnête retraite,
Que de souffrir ainsi, contre toute raison,
Qu'on en chasse pour vous le fils de la maison ?
Croyez-moi, c'est donner de votre prud'homie,   1265
Monsieur . . .

TARTUFFE

           Il est, Monsieur, trois heures et demie :
Certain devoir pieux me demande là-haut,
Et vous m'excuserez de vous quitter sitôt.

CLÉANTE *(seul.)*

Ah !

Lest so much wealth fall into wicked hands,
Lest those to whom it might descend in time   1245
Turn it to purposes of sin and crime,
And not, as I shall do, make use of it
For Heaven's glory and mankind's benefit.

                            CLÉANTE

Forget these trumped-up fears. Your argument
Is one the rightful heir might well resent;   1250
It *is* a moral burden to inherit
Such wealth, but give Damis a chance to bear it.
And would it not be worse to be accused
Of swindling, than to see that wealth misused?
I'm shocked that you allowed Orgon to broach   1255
This matter, and that you feel no self-reproach;
Does true religion teach that lawful heirs
May freely be deprived of what is theirs?
And if the Lord has told you in your heart
That you and young Damis must dwell apart,   1260
Would it not be the decent thing to beat
A generous and honorable retreat,
Rather than let the son of the house be sent,
For your convenience, into banishment?
Sir, if you wish to prove the honesty   1265
Of your intentions . . .

                            TARTUFFE
                    Sir, it is half-past three.
I've certain pious duties to attend to,
And hope my prompt departure won't offend you.

                    CLÉANTE *(Alone:)*

Damn.

SCÈNE II

ELMIRE, MARIANE, DORINE, CLÉANTE

DORINE

De grâce, avec nous employez-vous pour elle,
Monsieur: son âme souffre une douleur mortelle;   1270
Et l'accord que son père a conclu pour ce soir
La fait, à tous moments, entrer en désespoir.
Il va venir. Joignons nos efforts, je vous prie,
Et tâchons d'ébranler, de force ou d'industrie,
Ce malheureux dessein qui nous a tous troublés.   1275

SCENE II

ELMIRE, MARIANE, CLÉANTE, DORINE

DORINE

Stay, Sir, and help Mariane, for Heaven's sake!
She's suffering so, I fear her heart will break.   1270
Her father's plan to marry her off tonight
Has put the poor child in a desperate plight.
I hear him coming. Let's stand together, now,
And see if we can't change his mind, somehow,
About this match we all deplore and fear.   1275

SCÈNE III

ORGON

Ha! je me réjouis de vous voir assemblés :
(A Mariane.)
Je porte en ce contrat de quoi vous faire rire,
Et vous savez déjà ce que cela veut dire.

MARIANE *(à genoux.)*

Mon père, au nom du Ciel, qui connaît ma douleur,
Et par tout ce qui peut émouvoir votre cœur,   1280
Relâchez-vous un peu des droits de la naissance,
Et dispensez mes vœux de cette obéissance;
Ne me réduisez point par cette dure loi
Jusqu'à me plaindre au Ciel de ce que je vous dois,
Et cette vie, hélas ! que vous m'avez donnée,   1285
Ne me la rendez pas, mon père, infortunée.
Si, contre un doux espoir que j'avais pu former,
Vous me défendez d'être à ce que j'ose aimer,
Au moins, par vos bontés, qu'à vos genoux j'implore,
Sauvez-moi du tourment d'être à ce que j'abhorre,   1290
Et ne me portez point à quelque désespoir,
En vous servant sur moi de tout votre pouvoir.

ORGON *(se sentant attendrir.)*

Allons, ferme, mon cœur, point de faiblesse humaine.

MARIANE

Vos tendresses pour lui ne me font point de peine;
Faites-les éclater, donnez-lui votre bien,   1295
Et, si ce n'est assez, joignez-y tout le mien :
J'y consens de bon cœur, et je vous l'abandonne;
Mais au moins n'allez pas jusques à ma personne,

SCENE III

ORGON, ELMIRE, MARIANE, CLÉANTE, DORINE

ORGON

Hah! Glad to find you all assembled here.
(To Mariane:)
This contract, child, contains your happiness,
And what it says I think your heart can guess.

MARIANE *(Falling to her knees:)*

Sir, by that Heaven which sees me here distressed,
And by whatever else can move your breast,   1280
Do not employ a father's power, I pray you,
To crush my heart and force it to obey you,
Nor by your harsh commands oppress me so
That I'll begrudge the duty which I owe—
And do not so embitter and enslave me   1285
That I shall hate the very life you gave me.
If my sweet hopes must perish, if you refuse
To give me to the one I've dared to choose,
Spare me at least—I beg you, I implore—
The pain of wedding one whom I abhor;   1290
And do not, by a heartless use of force,
Drive me to contemplate some desperate course.

ORGON *(Feeling himself touched by her:)*

Be firm, my soul. No human weakness, now.

MARIANE

I don't resent your love for him. Allow
Your heart free rein, Sir; give him your property,   1295
And if that's not enough, take mine from me;
He's welcome to my money; take it, do,
But don't, I pray, include my person too.

Et souffrez qu'un couvent dans les austérités
Use les tristes jours que le Ciel m'a comptés.   1300

ORGON

Ah! voilà justement de mes religieuses,
Lorsqu'un père combat leurs flammes amoureuses !
Debout! Plus votre cœur répugne à l'accepter,
Plus ce sera pour vous matière à mériter :
Mortifiez vos sens avec ce mariage,   1305
Et ne me rompez pas la tête davantage.

DORINE

Mais quoi . . . ?

ORGON

       Taisez-vous, vous; parlez à votre écot :
Je vous défends tout net d'oser dire un seul mot.

CLÉANTE

Si par quelque conseil vous souffrez qu'on réponde . . .

ORGON

Mon frère, vos conseils sont les meilleurs du monde,   1310
Ils sont bien raisonnés, et j'en fais un grand cas;
Mais vous trouverez bon que je n'en use pas.

ELMIRE *(à son mari.)*

A voir ce que je vois, je ne sais plus que dire,
Et votre aveuglement fait que je vous admire :
C'est être bien coiffé, bien prévenu de lui,   1315
Que de nous démentir sur le fait d'aujourd'hui.

ORGON

Je suis votre valet, et crois les apparences.
Pour mon fripon de fils je sais vos complaisances,
Et vous avez eu peur de le désavouer
Du trait qu'à ce pauvre homme il a voulu jouer;   1320

Spare me, I beg you; and let me end the tale
Of my sad days behind a convent veil.   1300

ORGON

A convent! Hah! When crossed in their amours,
All lovesick girls have the same thought as yours.
Get up! The more you loathe the man, and dread him,
The more ennobling it will be to wed him.
Marry Tartuffe, and mortify your flesh!   1305
Enough; don't start that whimpering afresh.

DORINE

But why...?

ORGON

        Be still, there. Speak when you're spoken to.
Not one more bit of impudence out of you.

CLÉANTE

If I may offer a word of counsel here...

ORGON

Brother, in counseling you have no peer;   1310
All your advice is forceful, sound, and clever;
I don't propose to follow it, however.

ELMIRE *(To Orgon:)*

I am amazed, and don't know what to say;
Your blindness simply takes my breath away.
You are indeed bewitched, to take no warning   1315
From our account of what occurred this morning.

ORGON

Madam, I know a few plain facts, and one
Is that you're partial to my rascal son;
Hence, when he sought to make Tartuffe the victim
Of a base lie, you dared not contradict him.   1320

Vous étiez trop tranquille enfin pour être crue,
Et vous auriez paru d'autre manière émue.

ELMIRE

Est-ce qu'au simple aveu d'un amoureux transport
Il faut que notre honneur se gendarme si fort ?
Et ne peut-on répondre à tout ce qui le touche   1325
Que le feu dans les yeux et l'injure à la bouche ?
Pour moi, de tels propos je me ris simplement,
Et l'éclat là-dessus ne me plaît nullement;
J'aime qu'avec douceur nous nous montrions sages,
Et ne suis point du tout pour ces prudes sauvages   1330
Dont l'honneur est armé de griffes et de dents,
Et veut au moindre mot dévisager les gens :
Me préserve le Ciel d'une telle sagesse !
Je veux une vertu qui ne soit point diablesse,
Et crois que d'un refus la discrète froideur   1335
N'en est pas moins puissante à rebuter un cœur.

ORGON

Enfin je sais l'affaire et ne prends point le change.

ELMIRE

J'admire, encore un coup, cette faiblesse étrange.
Mais que me répondrait votre incrédulité
Si je vous faisais voir qu'on vous dit vérité ?   1340

ORGON

Voir ?

ELMIRE

    Oui.

ORGON

        Chansons.

ELMIRE

                Mais quoi ! si je trouvais manière
De vous le faire voir avec pleine lumière ?

Ah, but you underplayed your part, my pet;
You should have looked more angry, more upset.

ELMIRE

When men make overtures, must we reply
With righteous anger and a battle cry?
Must we turn back their amorous advances   1325
With sharp reproaches and with fiery glances?
Myself, I find such offers merely amusing,
And make no scenes and fusses in refusing;
My taste is for good-natured rectitude,
And I dislike the savage sort of prude   1330
Who guards her virtue with her teeth and claws,
And tears men's eyes out for the slightest cause:
The Lord preserve me from such honor as that,
Which bites and scratches like an alley cat!
I've found that a polite and cool rebuff   1335
Discourages a lover quite enough.

ORGON

I know the facts, and I shall not be shaken.

ELMIRE

I marvel at your power to be mistaken.
Would it, I wonder, carry weight with you
If I could *show* you that our tale was true?   1340

ORGON

Show me?

ELMIRE

          Yes.

ORGON

          Rot.

ELMIRE

                    Come, what if I found a way
To make you see the facts as plain as day?

ORGON

Contes en l'air.

ELMIRE

                    Quel homme ! Au moins répondez-moi.
Je ne vous parle pas de nous ajouter foi;
Mais supposons ici que, d'un lieu qu'on peut prendre,   1345
On vous fit clairement tout voir et tout entendre,
Que diriez-vous alors de votre homme de bien ?

ORGON

En ce cas, je dirais que... Je ne dirais rien,
Car cela ne se peut.

ELMIRE

                    L'erreur trop longtemps dure,
Et c'est trop condamner ma bouche d'imposture.   1350
Il faut que par plaisir, et sans aller plus loin,
De tout ce qu'on vous dit je vous fasse témoin.

ORGON

Soit: je vous prends au mot. Nous verrons votre adresse,
Et comment vous pourrez remplir cette promesse.

ELMIRE *(à Dorine.)*

Faites-le-moi venir.

DORINE

                    Son esprit est rusé,   1355
Et peut-être à surprendre il sera malaisé.

ELMIRE

Non ! on est aisément dupé par ce qu'on aime.
Et l'amour-propre engage à se tromper soi-même.
Faites-le-moi descendre.
(Parlant à Cléante et à Mariane.)
                    Et vous, retirez-vous.

ORGON

Nonsense.

ELMIRE

Do answer me; don't be absurd.
I'm not now asking you to trust our word.
Suppose that from some hiding place in here   1345
You learned the whole sad truth by eye and ear—
What would you say of your good friend, after that?

ORGON

Why, I'd say . . . nothing, by Jehoshaphat!
It can't be true.

ELMIRE

You've been too long deceived,
And I'm quite tired of being disbelieved.   1350
Come now: let's put my statements to the test,
And you shall see the truth made manifest.

ORGON

I'll take that challenge. Now do your uttermost.
We'll see how you make good your empty boast.

ELMIRE *(To Dorine:)*

Send him to me.

DORINE

He's crafty; it may be hard   1355
To catch the cunning scoundrel off his guard.

ELMIRE

No, amorous men are gullible. Their conceit
So blinds them that they're never hard to cheat.
Have him come down.
(To Cléante & Mariane:)

Please leave us, for a bit.

SCÈNE IV

ELMIRE, ORGON

ELMIRE

Approchons cette table, et vous mettez dessous.   1360

ORGON

Comment ?

ELMIRE

       Vous bien cacher est un point nécessaire.

ORGON

Pourquoi sous cette table ?

ELMIRE

         Ah, mon Dieu ! laissez faire :
J'ai mon dessein en tête, et vous en jugerez.
Mettez-vous là, vous dis-je; et quand vous y serez,
Gardez qu'on ne vous voie et qu'on ne vous entende.   1365

ORGON

Je confesse qu'ici ma complaisance est grande;
Mais de votre entreprise il vous faut voir sortir.

ELMIRE

Vous n'aurez, que je crois, rien à me repartir.
(A son mari qui est sous la table.)
Au moins, je vais toucher une étrange matière :
Ne vous scandalisez en aucune manière.   1370
Quoi que je puisse dire, il doit m'être permis,
Et c'est pour vous convaincre, ainsi que j'ai promis.
Je vais par des douceurs, puisque j'y suis réduite,
Faire poser le masque à cette âme hypocrite,
Flatter de son amour les désirs effrontés,   1375
Et donner un champ libre à ses témérités.
Comme c'est pour vous seul, et pour mieux le confondre,

SCENE IV

ELMIRE, ORGON

ELMIRE

Pull up this table, and get under it.   1360

ORGON

What?

ELMIRE

It's essential that you be well hidden.

ORGON

Why there?

ELMIRE

      Oh, Heavens! Just do as you are bidden.
I have my plans; we'll soon see how they fare.
Under the table, now; and once you're there,
Take care that you are neither seen nor heard.   1365

ORGON

Well, I'll indulge you, since I gave my word
To see you through this infantile charade.

ELMIRE

Once it is over, you'll be glad we played.
(To her husband, who is now under the table:)
I'm going to act quite strangely, now, and you
Must not be shocked at anything I do.   1370
Whatever I may say, you must excuse
As part of that deceit I'm forced to use.
I shall employ sweet speeches in the task
Of making that imposter drop his mask;
I'll give encouragement to his bold desires,   1375
And furnish fuel to his amorous fires.
Since it's for your sake, and for his destruction,

Que mon âme à ses vœux va feindre de répondre,
J'aurai lieu de cesser dès que vous vous rendrez,
Et les choses n'iront que jusqu'ou vous voudrez.   1380
C'est à vous d'arrêter son ardeur insensée,
Quand vous croirez l'affaire assez avant poussée,
D'épargner votre femme, et de ne m'exposer
Qu'à ce qu'il vous faudra pour vous désabuser :
Ce sont vos intérêts; vous en serez le maître,   1385
Et . . . L'on vient. Tenez-vous, et gardez de paraître.

That I shall seem to yield to his seduction,
I'll gladly stop whenever you decide
That all your doubts are fully satisfied.   1380
I'll count on you, as soon as you have seen
What sort of man he is, to intervene,
And not expose me to his odious lust
One moment longer than you feel you must.
Remember: you're to save me from my plight   1385
Whenever ... He's coming! Hush! Keep out of sight!

SCÈNE V

TARTUFFE, ELMIRE, ORGON

TARTUFFE

On m'a dit qu'en ce lieu vous me vouliez parler.

ELMIRE

Oui. L'on a des secrets à vous y révéler.
Mais tirez cette porte avant qu'on vous les dise,
Et regardez partout de crainte de surprise.   1390
(Tartuffe va fermer la porte et revient.)
Une affaire pareille à celle de tantôt
N'est pas assurément ici ce qu'il nous faut.
Jamais il ne s'est vu de surprise de même;
Damis m'a fait pour vous une frayeur extrême,
Et vous avez bien vu que j'ai fait mes efforts   1395
Pour rompre son dessein et calmer ses transports.
Mon trouble, il est bien vrai, m'a si fort possédée
Que de le démentir je n'ai point eu l'idée;
Mais par là, grâce au Ciel, tout a bien mieux été,
Et les choses en sont dans plus de sûreté.   1400
L'estime où l'on vous tient a dissipé l'orage,
Et mon mari de vous ne peut prendre d'ombrage.
Pour mieux braver l'éclat des mauvais jugements,
Il veut que nous soyons ensemble à tous moments;
Et c'est par où je puis, sans peur d'être blâmée,   1405
Me trouver ici seule avec vous enfermée,
Et ce qui m'autorise à vous ouvrir un cœur
Un peu trop prompt peut-être à souffrir votre ardeur.

TARTUFFE

Ce langage à comprendre est assez difficile,
Madame, et vous parliez tantôt d'un autre style.   1410

SCENE V

TARTUFFE, ELMIRE, ORGON

TARTUFFE

You wish to have a word with me, I'm told.

ELMIRE

Yes. I've a little secret to unfold.
Before I speak, however, it would be wise
To close that door, and look about for spies.   1390
(Tartuffe goes to the door, closes it, and returns.)
The very last thing that must happen now
Is a repetition of this morning's row.
I've never been so badly caught off guard.
Oh, how I feared for you! You saw how hard
I tried to make that troublesome Damis   1395
Control his dreadful temper, and hold his peace.
In my confusion, I didn't have the sense
Simply to contradict his evidence;
But as it happened, that was for the best,
And all has worked out in our interest.   1400
This storm has only bettered your position;
My husband doesn't have the least suspicion,
And now, in mockery of those who do,
He bids me be continually with you.
And that is why, quite fearless of reproof,   1405
I now can be alone with my Tartuffe,
And why my heart—perhaps too quick to yield—
Feels free to let its passion be revealed.

TARTUFFE

Madam, your words confuse me. Not long ago,
You spoke in quite a different style, you know.   1410

ELMIRE

Ah ! si d'un tel refus vous êtes en courroux,
Que le cœur d'une femme est mal connu de vous !
Et que vous savez peu ce qu'il veut faire entendre
Lorsque si faiblement on le voit se défendre !
Toujours notre pudeur combat dans ces moments   1415
Ce qu'on peut nous donner de tendres sentiments.
Quelque raison qu'on trouve à l'amour qui nous dompte,
On trouve à l'avouer toujours un peu de honte;
On s'en défend d'abord; mais de l'air qu'on s'y prend,
On fait connaître assez que notre cœur se rend,   1420
Qu'à nos vœux par honneur notre bouche s'oppose,
Et que de tels refus promettent toute chose.
C'est vous faire sans doute un assez libre aveu,
Et sur notre pudeur me ménager bien peu;
Mais puisque la parole enfin en est lâchée,   1425
A retenir Damis me serais-je attachée,
Aurais-je, je vous prie, avec tant de douceur
Écouté tout au long l'offre de votre cœur,
Aurais-je pris la chose ainsi qu'on m'a vu faire,
Si l'offre de ce cœur n'eût eu de quoi me plaire ?   1430
Et lorsque j'ai voulu moi-même vous forcer
A refuser l'hymen qu'on venait d'annoncer,
Qu'est-ce que cette instance a dû vous faire entendre,
Que l'intérêt qu'en vous on s'avise de prendre,
Et l'ennui qu'on aurait que ce nœud qu'on résout   1435
Vint partager du moins un cœur que l'on veut tout ?

TARTUFFE

C'est sans doute, Madame, une douceur extrême
Que d'entendre ces mots d'une bouche qu'on aime :
Leur miel dans tous mes sens fait couler à longs traits
Une suavité qu'on ne goûta jamais.   1440
Le bonheur de vous plaire est ma suprême étude,
Et mon cœur de vos vœux fait sa béatitude;
Mais ce cœur vous demande ici la liberté
D'oser douter un peu de sa félicité.

ELMIRE

Ah, Sir, if that refusal made you smart,
It's little that you know of woman's heart,
Or what that heart is trying to convey
When it resists in such a feeble way!
Always, at first, our modesty prevents   1415
The frank avowal of tender sentiments;
However high the passion which inflames us,
Still, to confess its power somehow shames us.
Thus we reluct, at first, yet in a tone
Which tells you that our heart is overthrown,   1420
That what our lips deny, our pulse confesses,
And that, in time, all noes will turn to yesses.
I fear my words are all too frank and free,
And a poor proof of woman's modesty;
But since I'm started, tell me, if you will—   1425
Would I have tried to make Damis be still,
Would I have listened, calm and unoffended,
Until your lengthy offer of love was ended,
And been so very mild in my reaction,
Had your sweet words not given me satisfaction?   1430
And when I tried to force you to undo
The marriage-plans my husband has in view,
What did my urgent pleading signify
If not that I admired you, and that I
Deplored the thought that someone else might own   1435
Part of a heart I wished for mine alone?

TARTUFFE

Madam, no happiness is so complete
As when, from lips we love, come words so sweet;
Their nectar floods my every sense, and drains
In honeyed rivulets through all my veins.   1440
To please you is my joy, my only goal;
Your love is the restorer of my soul;
And yet I must beg leave, now, to confess
Some lingering doubts as to my happiness.

Je puis croire ces mots un artifice honnête   1445
Pour m'obliger à rompre un hymen qui s'apprête;
Et s'il faut librement m'expliquer avec vous,
Je ne me fierai point à des propos si doux,
Qu'un peu de vos faveurs, après quoi je soupire,
Ne vienne m'assurer tout ce qu'ils m'ont pu dire,   1450
Et planter dans mon âme une constante foi
Des charmantes bontés que vous avez pour moi.

ELMIRE *(Elle tousse pour avertir son mari.)*

Quoi ? vous voulez aller avec cette vitesse,
Et d'un cœur tout d'abord épuiser la tendresse ?
On se tue à vous faire un aveu des plus doux;   1455
Cependant ce n'est pas encore assez pour vous,
Et l'on ne peut aller jusqu'à vous satisfaire,
Qu'aux dernières faveurs on ne pousse l'affaire?

TARTUFFE

Moins on mérite un bien, moins on l'ose espérer.
Nos vœux sur des discours ont peine à s'assurer.   1460
On soupçonne aisément un sort tout plein de gloire,
Et l'on veut en jouir avant que de le croire.
Pour moi, qui crois si peu mériter vos bontés,
Je doute du bonheur de mes témérités;
Et je ne croirai rien que vous n'ayez, Madame,   1465
Par des réalités su convaincre ma flamme.

ELMIRE

Mon Dieu, que votre amour en vrai tyran agit,
Et qu'en un trouble étrange il me jette l'esprit !
Que sur les cœurs il prend un furieux empire,
Et qu'avec violence il veut ce qu'il désire !   1470
Quoi ? de votre poursuite on ne peut se parer,
Et vous ne donnez pas le temps de respirer ?
Sied-il bien de tenir une rigueur si grande,
De vouloir sans quartier les choses qu'on demande,
Et d'abuser ainsi par vos efforts pressants   1475
Du faible que pour vous vous voyez qu'ont les gens ?

Might this not be a trick? Might not the catch 1445
Be that you wish me to break off the match
With Mariane, and so have feigned to love me?
I shan't quite trust your fond opinion of me
Until the feelings you've expressed so sweetly
Are demonstrated somewhat more concretely, 1450
And you have shown, by certain kind concessions,
That I may put my faith in your professions.

ELMIRE *(She coughs, to warn her husband.)*

Why be in such a hurry? Must my heart
Exhaust its bounty at the very start?
To make that sweet admission cost me dear, 1455
But you'll not be content, it would appear,
Unless my store of favors is disbursed
To the last farthing, and at the very first.

TARTUFFE

The less we merit, the less we dare to hope,
And with our doubts, mere words can never cope. 1460
We trust no promised bliss till we receive it;
Not till a joy is ours can we believe it.
I, who so little merit your esteem,
Can't credit this fulfillment of my dream,
And shan't believe it, Madam, until I savor 1465
Some palpable assurance of your favor.

ELMIRE

My, how tyrannical your love can be,
And how it flusters and perplexes me!
How furiously you take one's heart in hand,
And make your every wish a fierce command! 1470
Come, must you hound and harry me to death?
Will you not give me time to catch my breath?
Can it be right to press me with such force,
Give me no quarter, show me no remorse,
And take advantage, by your stern insistence, 1475
Of the fond feelings which weaken my resistance?

TARTUFFE

Mais si d'un œil bénin vous voyez mes hommages,
Pourquoi m'en refuser d'assurés témoignages ?

ELMIRE

Mais comment consentir à ce que vous voulez,
Sans offenser le Ciel, dont toujours vous parlez ?   1480

TARTUFFE

Si ce n'est que le Ciel qu'à mes vœux on oppose,
Lever un tel obstacle est à moi peu de chose,
Et cela ne doit pas retenir votre cœur.

ELMIRE

Mais des arrêts du Ciel on nous fait tant de peur !

TARTUFFE

Je puis vous dissiper ces craintes ridicules,   1485
Madame, et je sais l'art de lever les scrupules.
Le Ciel défend, de vrai, certains contentements;
Mais on trouve avec lui des accommodements;
Selon divers besoins, il est une science
D'étendre les liens de notre conscience   1490
Et de rectifier le mal de l'action
Avec la pureté de notre intention.
De ces secrets, Madame, on saura vous instruire;
Vous n'avez seulement qu'à vous laisser conduire.
Contentez mon désir, et n'ayez point d'effroi :   1495
Je vous réponds de tout, et prends le mal sur moi.
(Elmire tousse plus fort.)
Vous toussez fort, Madame.

ELMIRE

                    Oui, je suis au supplice.

TARTUFFE *(présentant à Elmire un cornet de papier.)*
Vous plaît-il un morceau de ce jus de réglisse ?

TARTUFFE

Well, if you look with favor upon my love,
Why, then, begrudge me some clear proof thereof?

ELMIRE

But how can I consent without offense
To Heaven, toward which you feel such reverence?   1480

TARTUFFE

If Heaven is all that holds you back, don't worry.
I can remove that hindrance in a hurry.
Nothing of that sort need obstruct our path.

ELMIRE

Must one not be afraid of Heaven's wrath?

TARTUFFE

Madam, forget such fears, and be my pupil,   1485
And I shall teach you how to conquer scruple.
Some joys, it's true, are wrong in Heaven's eyes;
Yet Heaven is not averse to compromise;
There is a science, lately formulated,
Whereby one's conscience may be liberated,   1490
And any wrongful act you care to mention
May be redeemed by purity of intention.
I'll teach you, Madam, the secrets of that science;
Meanwhile, just place on me your full reliance.
Assuage my keen desires, and feel no dread: 1495
The sin, if any, shall be on my head.
(Elmire coughs, this time more loudly.)
You've a bad cough.

ELMIRE

Yes, yes. It's bad indeed.

TARTUFFE *(Producing a little paper bag:)*
A bit of licorice may be what you need.

ELMIRE

C'est un rhume obstiné, sans doute; et je vois bien
Que tous les jus du monde ici ne feront rien.   1500

TARTUFFE

Cela certes est fâcheux.

ELMIRE

                    Oui, plus qu'on ne peut dire.

TARTUFFE

Enfin votre scrupule est facile à détruire :
Vous êtes assurée ici d'un plein secret,
Et le mal n'est jamais que dans l'éclat qu'on fait;
Le scandale du monde est ce qui fait l'offense,   1505
Et ce n'est pas pécher que pécher en silence.

ELMIRE *(après avoir encore toussé.)*

Enfin je vois qu'il faut se résoudre à céder,
Qu'il faut que je consente à vous tout accorder,
Et qu'à moins de cela je ne dois point prétendre
Qu'on puisse être content, et qu'on veuille se rendre.   1510
Sans doute il est fâcheux d'en venir jusque-là,
Et c'est bien malgré moi que je franchis cela;
Mais puisque l'on s'obstine à m'y vouloir réduire,
Puisqu'on ne veut point croire à tout ce qu'on peut dire
Et qu'on veut des témoins qui soient plus convaincants,
Il faut bien s'y résoudre, et contenter les gens.   1515
Si ce consentement porte en soi quelque offense,
Tant pis pour qui me force à cette violence;
La faute assurément n'en doit pas être à moi.

TARTUFFE

Oui, Madame, on s'en charge; et la chose de soi ...   1520

ELMIRE

Ouvrez un peu la porte, et voyez, je vous prie,
Si mon mari n'est point dans cette galerie.

ELMIRE

No, I've a stubborn cold, it seems. I'm sure it
Will take much more than licorice to cure it.   1500

TARTUFFE

How aggravating.

ELMIRE

Oh, more than I can say.

TARTUFFE

If you're still troubled, think of things this way:
No one shall know our joys, save us alone,
And there's no evil till the act is known;
It's scandal, Madam, which makes it an offense,   1505
And it's no sin to sin in confidence.

ELMIRE *(Having coughed once more:)*

Well, clearly I must do as you require,
And yield to your importunate desire.
It is apparent, now, that nothing less
Will satisfy you, and so I acquiesce.   1510
To go so far is much against my will;
I'm vexed that it should come to this; but still,
Since you are so determined on it, since you
Will not allow mere language to convince you,
And since you ask for concrete evidence, I   1515
See nothing for it, now, but to comply.
If this is sinful, if I'm wrong to do it,
So much the worse for him who drove me to it.
The fault can surely not be charged to me.

TARTUFFE

Madam, the fault is mine, if fault there be,   1520
And . . .

ELMIRE

Open the door a little, and peek out;
I wouldn't want my husband poking about.

TARTUFFE

Qu'est-il besoin pour lui du soin que vous prenez ?
C'est un homme, entre nous, à mener par le nez;
De tous nos entretiens il est pour faire gloire,   1525
Et je l'ai mis au point de voir tout sans rien croire.

ELMIRE

Il n'importe: sortez, je vous prie, un moment,
Et partout là dehors voyez exactement.

TARTUFFE

Why worry about the man? Each day he grows
More gullible; one can lead him by the nose.
To find us here would fill him with delight,   1525
And if he saw the worst, he'd doubt his sight.

ELMIRE

Nevertheless, do step out for a minute
Into the hall, and see that no one's in it.

SCÈNE VI

ORGON, ELMIRE

ORGON *(sortant de dessous la table.)*
Voilà, je vous l'avoue, un abominable homme !
Je n'en puis revenir, et tout ceci m'assomme.   1530

ELMIRE
Quoi ? vous sortez si tôt ? vous vous moquez des gens.
Rentrez sous le tapis, il n'est pas encor temps;
Attendez jusqu'au bout pour voir les choses sûres,
Et ne vous fiez point aux simples conjectures.

ORGON
Non, rien de plus méchant n'est sorti de l'enfer.   1535

ELMIRE
Mon Dieu ! l'on ne doit point croire trop de léger.
Laissez-vous bien convaincre avant que de vous rendre,
Et ne vous hâtez point, de peur de vous méprendre.
(Elle fait mettre son mari derrière elle.)

SCENE VI

ORGON, ELMIRE

ORGON *(Coming out from under the table:)*
That man's a perfect monster, I must admit!
I'm simply stunned. I can't get over it.   1530

ELMIRE
What, coming out so soon? How premature!
Get back in hiding, and wait until you're sure.
Stay till the end, and be convinced completely;
We mustn't stop till things are proved concretely.

ORGON
Hell never harbored anything so vicious!   1535

ELMIRE
Tut, don't be hasty. Try to be judicious.
Wait, and be certain that there's no mistake.
No jumping to conclusions, for Heaven's sake!
(She places Orgon behind her, as Tartuffe re-enters.)

SCÈNE VII

TARTUFFE, ELMIRE, ORGON

TARTUFFE *(sans voir Orgon.)*

Tout conspire, Madame, à mon contentement :
J'ai visité de l'œil tout cet appartement;   1540
Personne ne s'y trouve; et mon âme ravie...

ORGON *(en l'arrêtant.)*

Tout doux ! vous suivez trop votre amoureuse envie,
Et vous ne devez pas vous tant passionner.
Ah ! ah ! l'homme de bien, vous m'en voulez donner !
Comme aux tentations s'abandonne votre âme !   1545
Vous épousiez ma fille, et convoitiez ma femme !
J'ai douté fort longtemps que ce fût tout de bon,
Et je croyais toujours qu'on changerait de ton;
Mais c'est assez avant pousser le témoignage :
Je m'y tiens, et n'en veux, pour moi, pas davantage.   1550

ELMIRE *(à Tartuffe.)*

C'est contre mon humeur que j'ai fait tout ceci :
Mais on m'a mise au point de vous traiter ainsi.

TARTUFFE

Quoi ? vous croyez...?

ORGON

Allons, point de bruit, je vous prie.
Dénichons de céans, et sans cérémonie.

TARTUFFE

Mon dessein...

ORGON

Ces discours ne sont plus de saison :   1555
Il faut, tout sur-le-champ, sortir de la maison.

SCENE VII

TARTUFFE (*Not seeing Orgon:*)
Madam, all things have worked out to perfection;
I've given the neighboring rooms a full inspection;   1540
No one's about; and now I may at last . . .

ORGON (*Intercepting him:*)
Hold on, my passionate fellow, not so fast!
I should advise a little more restraint.
Well, so you thought you'd fool me, my dear saint!
How soon you wearied of the saintly life—   1545
Wedding my daughter, and coveting my wife!
I've long suspected you, and had a feeling
That soon I'd catch you at your double-dealing.
Just now, you've given me evidence galore;
It's quite enough; I have no wish for more.   1550

ELMIRE (*To Tartuffe:*)
I'm sorry to have treated you so slyly,
But circumstances forced me to be wily.

TARTUFFE
Brother, you can't think . . .

ORGON
                        No more talk from you;
Just leave this household, without more ado.

TARTUFFE
What I intended . . .

ORGON
                        That seems fairly clear.   1555
Spare me your falsehoods and get out of here.

TARTUFFE

C'est à vous d'en sortir, vous qui parlez en maître :
La maison m'appartient, je le ferai connaître,
Et vous montrerai bien qu'en vain on a recours,
Pour me chercher querelle, à ces lâches détours,   1560
Qu'on n'est pas où l'on pense en me faisant injure,
Que j'ai de quoi confondre et punir l'imposture,
Venger le Ciel qu'on blesse, et faire repentir
Ceux qui parlent ici de me faire sortir.

TARTUFFE

No, I'm the master, and you're the one to go!
This house belongs to me, I'll have you know,
And I shall show you that you can't hurt *me*
By this contemptible conspiracy,   1560
That those who cross me know not what they do,
And that I've means to expose and punish you,
Avenge offended Heaven, and make you grieve
That ever you dared order me to leave.

SCÈNE VIII

ELMIRE, ORGON

ELMIRE

Quel est donc ce langage ? et qu'est-ce qu'il veut dire ?   1565

ORGON

Ma foi, je suis confus, et n'ai pas lieu de rire.

ELMIRE

Comment ?

ORGON

Je vois ma faute aux choses qu'il me dit,
Et la donation m'embarrasse l'esprit.

ELMIRE

La donation...

ORGON

Oui, c'est une affaire faite
Mais j'ai quelque autre chose encor qui m'inquiète.   1570

ELMIRE

Et quoi ?

ORGON

Vous saurez tout. Mais voyons au plus tôt
Si certaine cassette est encore là-haut.

SCENE VIII

ELMIRE, ORGON

ELMIRE

What was the point of all that angry chatter?   1565

ORGON

Dear God, I'm worried. This is no laughing matter.

ELMIRE

How so?

ORGON

         I fear I understood his drift.
I'm much disturbed about that deed of gift.

ELMIRE

You gave him . . . ?

ORGON

              Yes, it's all been drawn and signed.
But one thing more is weighing on my mind.   1570

ELMIRE

What's that?

ORGON

         I'll tell you; but first let's see if there's
A certain strongbox in his room upstairs.

Act V

SCÈNE I

ORGON, CLÉANTE

CLÉANTE

Où voulez-vous courir ?

ORGON

Las ! que sais-je ?

CLÉANTE

                                    Il me semble
Que l'on doit commencer par consulter ensemble
Les choses qu'on peut faire en cet événement.   1575

ORGON

Cette cassette-là me trouble entièrement;
Plus que le reste encore elle me désespère.

CLÉANTE

Cette cassette est donc un important mystère ?

ORGON

C'est un dépôt qu'Argas, cet ami que je plains,
Lui-même, en grand secret, m'a mis entre les mains :   1580
Pour cela, dans sa fuite, il me voulut élire;
Et ce sont des papiers, à ce qu'il m'a pu dire,
Où sa vie et ses biens se trouvent attachés.

CLÉANTE

Pourquoi donc les avoir en d'autres mains lâchés ?

ORGON

Ce fut par un motif de cas de conscience :   1585
J'allai droit à mon traître en faire confidence;
Et son raisonnement me vint persuader
De lui donner plutôt la cassette à garder,
Afin que, pour nier, en cas de quelque enquête,

SCENE I

ORGON, CLÉANTE

CLÉANTE

Where are you going so fast?

ORGON

        God knows!

CLÉANTE

                Then wait;

Let's have a conference, and deliberate
On how this situation's to be met.   1575

ORGON

That strongbox has me utterly upset;
This is the worst of many, many shocks.

CLÉANTE

Is there some fearful mystery in that box?

ORGON

My poor friend Argas brought that box to me
With his own hands, in utmost secrecy;   1580
'Twas on the very morning of his flight.
It's full of papers which, if they came to light,
Would ruin him—or such is my impression.

CLÉANTE

Then why did you let it out of your possession?

ORGON

Those papers vexed my conscience, and it seemed best   1585
To ask the counsel of my pious guest.
The cunning scoundrel got me to agree
To leave the strongbox in his custody,
So that, in case of an investigation,

J'eusse d'un faux-fuyant la faveur toute prête,   1590
Par où ma conscience eût pleine sûreté
A faire des serments contre la vérité.

CLÉANTE

Vous voilà mal, au moins si j'en crois l'apparence;
Et la donation, et cette confidence,
Sont, à vous en parler selon mon sentiment,   1595
Des démarches par vous faites légèrement.
On peut vous mener loin avec de pareils gages;
Et cet homme sur vous ayant ces avantages,
Le pousser est encor grande imprudence à vous,
Et vous deviez chercher quelque biais plus doux.   1600

ORGON

Quoi ! sous un beau semblant de ferveur si touchante
Cacher un cœur si double, une âme si méchante !
Et moi qui l'ai reçu gueusant et n'ayant rien…
C'en est fait, je renonce à tous les gens de bien :
J'en aurai désormais une horreur effroyable.   1605
Et m'en vais devenir pour eux pire qu'un diable.

CLÉANTE

Hé bien! ne voilà pas de vos emportements !
Vous ne gardez en rien les doux tempéraments;
Dans la droite raison jamais n'entre la vôtre,
Et toujours d'un excès vous vous jetez dans l'autre.   1610
Vous voyez votre erreur, et vous avez connu
Que par un zèle feint vous étiez prévenu;
Mais pour vous corriger, quelle raison demande
Que vous alliez passer dans une erreur plus grande,
Et qu'avecque le cœur d'un perfide vaurien   1615
Vous confondiez les cœurs de tous les gens de bien ?
Quoi? parce qu'un fripon vous dupe avec audace
Sous le pompeux éclat d'une austère grimace,
Vous voulez que partout on soit fait comme lui,
Et qu'aucun vrai dévot ne se trouve aujourd'hui ?   1620
Laissez aux libertins ces sottes conséquences;

I could employ a slight equivocation   1590
And swear I didn't have it, and thereby,
At no expense to conscience, tell a lie.

CLÉANTE

It looks to me as if you're out on a limb.
Trusting him with that box, and offering him
That deed of gift, were actions of a kind   1595
Which scarcely indicate a prudent mind.
With two such weapons, he has the upper hand,
And since you're vulnerable, as matters stand,
You erred once more in bringing him to bay.
You should have acted in some subtler way.   1600

ORGON

Just think of it: behind that fervent face,
A heart so wicked, and a soul so base!
I took him in, a hungry beggar, and then . . .
Enough, by God! I'm through with pious men:
Henceforth I'll hate the whole false brotherhood.   1605
And persecute them worse than Satan could.

CLÉANTE

Ah, there you go—extravagant as ever.
Why can you not be rational? You never
Manage to take the middle course, it seems,
But jump, instead, between absurd extremes.   1610
You've recognized your recent grave mistake
In falling victim to a pious fake;
Now, to correct that error, must you embrace
An even greater error in its place,
And judge our worthy neighbors as a whole   1615
By what you've learned of one corrupted soul?
Come, just because one rascal made you swallow
A show of zeal which turned out to be hollow,
Shall you conclude that all men are deceivers,
And that, today, there are no true believers?   1620
Let atheists make that foolish inference;

Démêlez la vertu d'avec ses apparences,
Ne hasardez jamais votre estime trop tôt,
Et soyez pour cela dans le milieu qu'il faut :
Gardez-vous, s'il se peut, d'honorer l'imposture,   1625
Mais au vrai zèle aussi n'allez pas faire injure;
Et s'il vous faut tomber dans une extrémité,
Péchez plutôt encor de cet autre côté.

Learn to distinguish virtue from pretense,
Be cautious in bestowing admiration,
And cultivate a sober moderation.
Don't humor fraud, but also don't asperse 1625
True piety; the latter fault is worse,
And it is best to err, if err one must,
As you have done, upon the side of trust.

SCÈNE II

DAMIS, ORGON, CLÉANTE

DAMIS

Quoi ? mon père, est-il vrai qu'un coquin vous menace ?
Qu'il n'est point de bienfait qu'en son âme il n'efface,   1630
Et que son lâche orgueil, trop digne de courroux,
Se fait de vos bontés des armes contre vous ?

ORGON

Oui, mon fils, et j'en sens des douleurs nonpareilles.

DAMIS

Laissez-moi, je lui veux couper les deux oreilles :
Contre son insolence on ne doit point gauchir;   1635
C'est à moi, tout d'un coup, de vous en affranchir,
Et pour sortir d'affaire, il faut que je l'assomme.

CLÉANTE

Voilà tout justement parler en vrai jeune homme.
Modérez, s'il vous plaît, ces transports éclatants :
Nous vivons sous un règne et sommes dans un temps   1640
Où par la violence on fait mal ses affaires.

SCENE II

DAMIS, ORGON, CLÉANTE

DAMIS

Father, I hear that scoundrel's uttered threats
Against you; that he pridefully forgets   1630
How, in his need, he was befriended by you,
And means to use your gifts to crucify you.

ORGON

It's true, my boy. I'm too distressed for tears.

DAMIS

Leave it to me, Sir; let me trim his ears.
Faced with such insolence, we must not waver.   1635
I shall rejoice in doing you the favor
Of cutting short his life, and your distress.

CLÉANTE

What a display of young hotheadedness!
Do learn to moderate your fits of rage.
In this just kingdom, this enlightened age,   1640
One does not settle things by violence.

SCÈNE III

MADAME PERNELLE, MARIANE,
ELMIRE, DORINE, DAMIS, ORGON, CLÉANTE

MADAME PERNELLE

Qu'est-ce ? J'apprends ici de terribles mystères.

ORGON

Ce sont des nouveautés dont mes yeux sont témoins,
Et vous voyez le prix dont sont payés mes soins.
Je recueille avec zèle un homme en sa misère,   1645
Je le loge, et le tiens comme mon propre frère;
De bienfaits chaque jour il est par moi chargé;
Je lui donne ma fille et tout le bien que j'ai;
Et, dans le même temps, le perfide, l'infâme,
Tente le noir dessein de suborner ma femme,   1650
Et non content encor de ces lâches essais,
Il m'ose menacer de mes propres bienfaits,
Et veut, à ma ruine, user des avantages
Dont le viennent d'armer mes bontés trop peu sages,
Me chasser de mes biens, où je l'ai transféré,   1655
Et me réduire au point d'où je l'ai retiré.

DORINE

Le pauvre homme !

MADAME PERNELLE

Mon fils, je ne puis du tout croire
Qu'il ait voulu commettre une action si noire.

ORGON

Comment ?

MADAME PERNELLE

Les gens de bien sont enviés toujours.

SCENE III

MADAME PERNELLE, MARIANE, ELMIRE, DORINE, DAMIS,
ORGON, CLÉANTE

MADAME PERNELLE

I hear strange tales of very strange events.

ORGON

Yes, strange events which these two eyes beheld.
The man's ingratitude is unparalleled.
I save a wretched pauper from starvation,   1645
House him, and treat him like a blood relation,
Shower him every day with my largesse,
Give him my daughter, and all that I possess;
And meanwhile the unconscionable knave
Tries to induce my wife to misbehave;   1650
And not content with such extreme rascality,
Now threatens me with my own liberality,
And aims, by taking base advantage of
The gifts I gave him out of Christian love,
To drive me from my house, a ruined man,   1655
And make me end a pauper, as he began.

DORINE

Poor fellow!

MADAME PERNELLE

No, my son, I'll never bring
Myself to think him guilty of such a thing.

ORGON

How's that?

MADAME PERNELLE

The righteous always were maligned.

ORGON

Que voulez-vous donc dire avec votre discours,   1660
Ma mère ?

MADAME PERNELLE

    Que chez vous on vit d'étrange sorte,
Et qu'on ne sait que trop la haine qu'on lui porte.

ORGON

Qu'a cette haine à faire avec ce qu'on vous dit ?

MADAME PERNELLE

Je vous l'ai dit cent fois quand vous étiez petit :
La vertu dans le monde est toujours poursuivie;   1665
Les envieux mourront, mais non jamais l'envie.

ORGON

Mais que fait ce discours aux choses d'aujourd'hui ?

MADAME PERNELLE

On vous aura forgé cent sots contes de lui.

ORGON

Je vous ai dit déjà que j'ai vu tout moi-même.

MADAME PERNELLE

Des esprits médisants la malice est extrême.   1670

ORGON

Vous me feriez damner, ma mère. Je vous dis
Que j'ai vu de mes yeux un crime si hardi.

MADAME PERNELLE

Les langues ont toujours du venin à répandre,
Et rien n'est ici-bas qui s'en puisse défendre.

ORGON

C'est tenir un propos de sens bien dépourvu.   1675
Je l'ai vu, dis-je, vu, de mes propres yeux vu,
Ce qu'on appelle vu : faut-il vous le rebattre
Aux oreilles cent fois, et crier comme quatre ?

ORGON

Speak clearly, Mother. Say what's on your mind.   1660

MADAME PERNELLE

I mean that I can smell a rat, my dear.
You know how everybody hates him, here.

ORGON

That has no bearing on the case at all.

MADAME PERNELLE

I told you a hundred times, when you were small,
That virtue in this world is hated ever;   1665
Malicious men may die, but malice never.

ORGON

No doubt that's true, but how does it apply?

MADAME PERNELLE

They've turned you against him by a clever lie.

ORGON

I've told you, I was there and saw it done.

MADAME PERNELLE

Ah, slanderers will stop at nothing, Son.   1670

ORGON

Mother, I'll lose my temper . . . For the last time.
I tell you I was witness to the crime.

MADAME PERNELLE

The tongues of spite are busy night and noon
And to their venom no man is immune.

ORGON

You're talking nonsense. Can't you realize   1675
I saw it; saw it; saw it with my eyes?
Saw, do you understand me? Must I shout it
Into your ears before you'll cease to doubt it?

MADAME PERNELLE

Mon Dieu, le plus souvent l'apparence déçoit :
Il ne faut pas toujours juger sur ce qu'on voit.   1680

ORGON

J'enrage.

MADAME PERNELLE

            Aux faux soupçons la nature est sujette,
Et c'est souvent à mal que le bien s'interprète.

ORGON

Je dois interpréter à charitable soin
Le désir d'embrasser ma femme ?

MADAME PERNELLE

                                Il est besoin,
Pour accuser les gens, d'avoir de justes causes;   1685
Et vous deviez attendre à vous voir sûr des choses.

ORGON

Hé! diantre! le moyen de m'en assurer mieux ?
Je devais donc, ma mère, attendre qu'à mes yeux
Il eût... Vous me feriez dire quelque sottise.

MADAME PERNELLE

Enfin d'un trop pur zèle on voit son âme éprise;   1690
Et je ne puis du tout me mettre dans l'esprit
Qu'il ait voulu tenter les choses que l'on dit.

ORGON

Allez, je ne sais pas, si vous n'étiez ma mère,
Ce que je vous dirais, tant je suis en colère.

DORINE

Juste retour, Monsieur, des choses d'ici-bas :   1695
Vous ne vouliez point croire, et l'on ne vous croit pas.

MADAME PERNELLE

Appearances can deceive, my son. Dear me,
We cannot always judge by what we see.   1680

ORGON

Drat! Drat!

MADAME PERNELLE

    One often interprets things awry;
Good can seem evil to a suspicious eye.

ORGON

Was I to see his pawing at Elmire
As an act of charity?

MADAME PERNELLE

    Till his guilt is clear,
A man deserves the benefit of the doubt.   1685
You should have waited, to see how things turned out.

ORGON

Great God in Heaven, what more proof did I need?
Was I to sit there, watching, until he'd . . .
You drive me to the brink of impropriety.

MADAME PERNELLE

No, no, a man of such surpassing piety   1690
Could not do such a thing. You cannot shake me.
I don't believe it, and you shall not make me.

ORGON

You vex me so that, if you weren't my mother,
I'd say to you . . . some dreadful thing or other.

DORINE

It's your turn now, Sir, not to be listened to;   1695
You'd not trust us, and now she won't trust you.

CLÉANTE

Nous perdons des moments en bagatelles pures,
Qu'il faudrait employer à prendre des mesures.
Aux menaces du fourbe on doit ne dormir point.

DAMIS

Quoi ? son effronterie irait jusqu'à ce point ?   1700

ELMIRE

Pour moi, je ne crois pas cette instance possible,
Et son ingratitude est ici trop visible.

CLÉANTE

Ne vous y fiez pas : il aura des ressorts
Pour donner contre vous raison à ses efforts;
Et sur moins que cela, le poids d'une cabale   1705
Embarrasse les gens dans un fâcheux dédale.
Je vous le dis encore : armé de ce qu'il a,
Vous ne deviez jamais le pousser jusque-là.

ORGON

Il est vrai; mais qu'y faire ? Á l'orgueil de ce traître,
De mes ressentiments je n'ai pas été maître.   1710

CLÉANTE

Je voudrais, de bon cœur, qu'on pût entre vous deux
De quelque ombre de paix raccommoder les nœuds.

ELMIRE

Si j'avais su qu'en main il a de telles armes,
Je n'aurais pas donné matière à tant d'alarmes,
Et mes . . .

ORGON *(à Dorine, voyant entrer Monsieur Loyal.)*
    Que veut cet homme ? Allez tôt le savoir.   1715
Je suis bien en état que l'on me vienne voir !

CLÉANTE

My friends, we're wasting time which should be spent
In facing up to our predicament.
I fear that scoundrel's threats weren't made in sport.

DAMIS

Do you think he'd have the nerve to go to court?   1700

ELMIRE

I'm sure he won't: they'd find it all too crude
A case of swindling and ingratitude.

CLÉANTE

Don't be too sure. He won't be at a loss
To give his claims a high and righteous gloss;
And clever rogues with far less valid cause   1705
Have trapped their victims in a web of laws.
I say again that to antagonize
A man so strongly armed was most unwise.

ORGON

I know it; but the man's appalling cheek
Outraged me so, I couldn't control my pique.   1710

CLÉANTE

I wish to Heaven that we could devise
Some truce between you, or some compromise.

ELMIRE

If I had known what cards he held, I'd not
Have roused his anger by my little plot.

ORGON *(To Dorine, as M. Loyal enters:)*
What is that fellow looking for? Who is he?   1715
Go talk to him—and tell him that I'm busy.

SCÈNE IV

MONSIEUR LOYAL, MADAME PERNELLE,
ORGON, DAMIS, MARIANE, DORINE, ELMIRE, CLÉANTE

MONSIEUR LOYAL

Bonjour, ma chère sœur; faites, je vous supplie,
Que je parle à Monsieur.

DORINE

Il est en compagnie,
Et je doute qu'il puisse à présent voir quelqu'un.

MONSIEUR LOYAL

Je ne suis pas pour être en ces lieux importun.   1720
Mon abord n'aura rien, je crois, qui lui déplaise;
Et je viens pour un fait dont il sera bien aise.

DORINE

Votre nom ?

MONSIEUR LOYAL

Dites-lui seulement que je viens
De la part de Monsieur Tartuffe, pour son bien.

DORINE (à Orgon.)

C'est un homme qui vient, avec douce manière,   1725
De la part de Monsieur Tartuffe, pour affaire
Dont vous serez, dit-il, bien aise.

CLÉANTE

Il vous faut voir
Ce que c'est que cet homme, et ce qu'il peut vouloir.

ORGON

Pour nous raccommoder il vient ici peut-être :
Quels sentiments aurai-je à lui faire paraître ?   1730

SCENE IV

MONSIEUR LOYAL, MADAME PERNELLE, ORGON, DAMIS,
MARIANE, DORINE, ELMIRE, CLÉANTE

MONSIEUR LOYAL

Good day, dear sister. Kindly let me see
Your master.

DORINE

He's involved with company,
And cannot be disturbed just now, I fear.

MONSIEUR LOYAL

I hate to intrude; but what has brought me here   1720
Will not disturb your master, in any event.
Indeed, my news will make him most content.

DORINE

Your name?

MONSIEUR LOYAL

Just say that I bring greetings from
Monsieur Tartuffe, on whose behalf I've come.

DORINE *(To Orgon:)*

Sir, he's a very gracious man, and bears   1725
A message from Tartuffe, which, he declares,
Will make you most content.

CLÉANTE

Upon my word,
I think this man had best be seen, and heard.

ORGON

Perhaps he has some settlement to suggest.
How shall I treat him? What manner would be best?   1730

CLÉANTE

Votre ressentiment ne doit point éclater;
Et s'il parle d'accord, il le faut écouter.

MONSIEUR LOYAL

Salut, Monsieur. Le Ciel perde qui vous veut nuire,
Et vous soit favorable autant que je désire !

ORGON *(à part, à Cléante.)*

Ce doux début s'accorde avec mon jugement,   1735
Et présage déjà quelque accommodement.

MONSIEUR LOYAL

Toute votre maison m'a toujours été chère,
Et j'étais serviteur de Monsieur votre père.

ORGON

Monsieur, j'ai grande honte et demande pardon
D'être sans vous connaître ou savoir votre nom.   1740

MONSIEUR LOYAL

Je m'appelle Loyal, natif de Normandie,
Et suis huissier à verge, en dépit de l'envie.
J'ai depuis quarante ans, grâce au Ciel, le bonheur
D'en exercer la charge avec beaucoup d'honneur;
Et je vous viens, Monsieur, avec votre licence,   1745
Signifier l'exploit de certaine ordonnance . . .

ORGON

Quoi? vous êtes ici . . . ?

MONSIEUR LOYAL

                    Monsieur, sans passion :
Ce n'est rien seulement qu'une sommation,
Un ordre de vider d'ici, vous et les vôtres,
Mettre vos meubles hors, et faire place à d'autres,   1750
Sans délai ni remise, ainsi que besoin est . . .

ORGON

Moi, sortir de céans ?

CLÉANTE

Control your anger, and if he should mention
Some fair adjustment, give him your full attention.

MONSIEUR LOYAL

Good health to you, good Sir. May Heaven confound
Your enemies, and may your joys abound.

ORGON *(Aside, to Cléante:)*

A gentle salutation: it confirms   1735
My guess that he is here to offer terms.

MONSIEUR LOYAL

I've always held your family most dear;
I served your father, Sir, for many a year.

ORGON

Sir, I must ask your pardon; to my shame,
I cannot now recall your face or name.   1740

MONSIEUR LOYAL

Loyal's my name; I come from Normandy,
And I'm a bailiff, in all modesty.
For forty years, praise God, it's been my boast
To serve with honor in that vital post,
And I am here, Sir, if you will permit   1745
The liberty, to serve you with this writ . . .

ORGON

To—*what?*

MONSIEUR LOYAL

               Now, please, Sir, let us have no friction:
It's nothing but an order of eviction.
You are to move your goods and family out
And make way for new occupants, without   1750
Deferment or delay, and give the keys . . .

ORGON

I? Leave this house?

MONSIEUR LOYAL

Oui, Monsieur, s'il vous plaît.
La maison à présent, comme savez de reste,
Au bon Monsieur Tartuffe appartient sans conteste.
De vos biens désormais il est maître et seigneur,   1755
En vertu d'un contrat duquel je suis porteur :
Il est en bonne forme, et l'on n'y peut rien dire.

DAMIS

Certes cette impudence est grande, et je l'admire.

MONSIEUR LOYAL

Monsieur, je ne dois point avoir affaire à vous;
C'est à Monsieur : il est et raisonnable et doux,   1760
Et d'un homme de bien il sait trop bien l'office,
Pour se vouloir du tout opposer à justice.

ORGON

Mais . . .

MONSIEUR LOYAL

Oui, Monsieur, je sais que pour un million
Vous ne voudriez pas faire rébellion,
Et que vous souffrirez, en honnête personne,   1765
Que j'exécute ici les ordres qu'on me donne.

DAMIS

Vous pourriez bien ici sur votre noir jupon,
Monsieur l'huissier à verge, attirer le bâton.

MONSIEUR LOYAL

Faites que votre fils se taise ou se retire,
Monsieur. J'aurais regret d'être obligé d'écrire,   1770
Et de vous voir couché dans mon procès-verbal.

DORINE *(à part.)*

Ce Monsieur Loyal porte un air bien déloyal !

MONSIEUR LOYAL

Pour tous les gens de bien j'ai de grandes tendresses,
Et ne me suis voulu, Monsieur, charger des pièces

MONSIEUR LOYAL

Why yes, Sir, if you please.
This house, Sir, from the cellar to the roof,
Belongs now to the good Monsieur Tartuffe,
And he is lord and master of your estate   1755
By virtue of a deed of present date,
Drawn in due form, with clearest legal phrasing . . .

DAMIS

Your insolence is utterly amazing!

MONSIEUR LOYAL

Young man, my business here is not with you,
But with your wise and temperate father, who,   1760
Like every worthy citizen, stands in awe
Of justice, and would never obstruct the law.

ORGON

But . . .

MONSIEUR LOYAL

Not for a million, Sir, would you rebel
Against authority; I know that well.
You'll not make trouble, Sir, or interfere   1765
With the execution of my duties here.

DAMIS

Someone may execute a smart tattoo
On that black jacket of yours, before you're through.

MONSIEUR LOYAL

Sir, bid your son be silent. I'd much regret
Having to mention such a nasty threat   1770
Of violence, in writing my report.

DORINE *(Aside:)*

This man Loyal's a most disloyal sort!

MONSIEUR LOYAL

I love all men of upright character,
And when I agreed to serve these papers, Sir,

Que pour vous obliger et vous faire plaisir,   1775
Que pour ôter par là le moyen d'en choisir
Qui, n'ayant pas pour vous le zèle qui me pousse,
Auraient pu procéder d'une façon moins douce.

ORGON

Et que peut-on de pis que d'ordonner aux gens
De sortir de chez eux ?

MONSIEUR LOYAL

                        On vous donne du temps,   1780
Et jusques à demain je ferai surséance
A l'exécution, Monsieur, de l'ordonnance.
Je viendrai seulement passer ici la nuit,
Avec dix de mes gens, sans scandale et sans bruit.
Pour la forme, il faudra, s'il vous plaît, qu'on m'apporte,
Avant que se coucher, les clefs de votre porte.   1785
J'aurai soin de ne pas troubler votre repos,
Et de ne rien souffrir qui ne soit à propos.
Mais demain, du matin, il vous faut être habile
A vider de céans jusqu'au moindre ustensile :   1790
Mes gens vous aideront, et je les ai pris forts,
Pour vous faire service à tout mettre dehors.
On n'en peut pas user mieux que je fais, je pense;
Et comme je vous traite avec grande indulgence,
Je vous conjure aussi, Monsieur, d'en user bien,   1795
Et qu'au dû de ma charge on ne me trouble en rien.

ORGON *(à part.)*

Du meilleur de mon cœur je donnerais sur l'heure
Les cent plus beaux louis de ce qui me demeure,
Et pouvoir, à plaisir, sur ce mufle assener
Le plus grand coup de poing qui se puisse donner.   1800

CLÉANTE

Laissez, ne gâtons rien.

It was your feelings that I had in mind.   1775
I couldn't bear to see the case assigned
To someone else, who might esteem you less
And so subject you to unpleasantness.

ORGON

What's more unpleasant than telling a man to leave
His house and home?

MONSIEUR LOYAL

            You'd like a short reprieve?   1780
If you desire it, Sir, I shall not press you,
But wait until tomorrow to dispossess you.
Splendid. I'll come and spend the night here, then,
Most quietly, with half a score of men.
For form's sake, you might bring me, just before   1785
You go to bed, the keys to the front door.
My men, I promise, will be on their best
Behavior, and will not disturb your rest.
But bright and early, Sir, you must be quick
And move out all your furniture, every stick: 1790
The men I've chosen are both young and strong,
And with their help it shouldn't take you long.
In short, I'll make things pleasant and convenient,
And since I'm being so extremely lenient,
Please show me, Sir, a like consideration,   1795
And give me your entire cooperation.

ORGON *(Aside:)*

I may be all but bankrupt, but I vow
I'd give a hundred louis, here and now,
Just for the pleasure of landing one good clout
Right on the end of that complacent snout.   1800

CLÉANTE

Careful; don't make things worse.

DAMIS

A cette audace étrange,
J'ai peine à me tenir, et la main me démange.

DORINE

Avec un si bon dos, ma foi, Monsieur Loyal,
Quelques coups de bâton ne vous siéraient pas mal.

MONSIEUR LOYAL

On pourrait bien punir ces paroles infâmes,   1805
Ma mie, et l'on décrète aussi contre les femmes.

CLÉANTE

Finissons tout cela, Monsieur: c'en est assez;
Donnez tôt ce papier, de grâce, et nous laissez.

MONSIEUR LOYAL

Jusqu'au revoir. Le Ciel vous tienne tous en joie !

ORGON

Puisse-t-il te confondre, et celui qui t'envoie !   1810

DAMIS

My boot sole itches
To give that beggar a good kick in the breeches.

DORINE

Monsieur Loyal, I'd love to hear the whack
Of a stout stick across your fine broad back.

MONSIEUR LOYAL

Take care: a woman too may go to jail if   1805
She uses threatening language to a bailiff.

CLÉANTE

Enough, enough, Sir. This must not go on.
Give me that paper, please, and then begone.

MONSIEUR LOYAL

Well, *au revoir.* God give you all good cheer!

ORGON

May God confound you, and him who sent you here!   1810

SCÈNE V

ORGON

Hé bien, vous le voyez, ma mère, si j'ai droit,
Et vous pouvez juger du reste par l'exploit :
Ses trahisons enfin vous sont-elles connues ?

MADAME PERNELLE

Je suis tout ébaubie, et je tombe des nues !

DORINE

Vous vous plaignez à tort, à tort vous le blâmez,   1815
Et ses pieux desseins par là sont confirmés :
Dans l'amour du prochain sa vertu se consomme;
Il sait que très souvent les biens corrompent l'homme,
Et, par charité pure, il veut vous enlever
Tout ce qui vous peut faire obstacle à vous sauver.   1820

ORGON

Taisez-vous : c'est le mot qu'il vous faut toujours dire.

CLÉANTE

Allons voir quel conseil on doit vous faire élire.

ELMIRE

Allez faire éclater l'audace de l'ingrat.
Ce procédé détruit la vertu du contrat;
Et sa déloyauté va paraître trop noire,   1825
Pour souffrir qu'il en ait le succès qu'on veut croire.

SCENE V

ORGON, CLÉANTE, MARIANE, ELMIRE,
MADAME PERNELLE, DORINE, DAMIS

ORGON

Now, Mother, was I right or not? This writ
Should change your notion of Tartuffe a bit.
Do you perceive his villainy at last?

MADAME PERNELLE

I'm thunderstruck. I'm utterly aghast.

DORINE

Oh, come, be fair. You mustn't take offense   1815
At this new proof of his benevolence.
He's acting out of selfless love, I know.
Material things enslave the soul, and so
He kindly has arranged your liberation
From all that might endanger your salvation.   1820

ORGON

Will you not ever hold your tongue, you dunce?

CLÉANTE

Come, you must take some action, and at once.

ELMIRE

Go tell the world of the low trick he's tried.
The deed of gift is surely nullified
By such behavior, and public rage will not   1825
Permit the wretch to carry out his plot.

SCÈNE VI

VALÈRE

Avec regret, Monsieur, je viens vous affliger;
Mais je m'y vois contraint par le pressant danger.
Un ami, qui m'est joint d'une amitié fort tendre,
Et qui sait l'intérêt qu'en vous j'ai lieu de prendre,   1830
A violé pour moi, par un pas délicat,
Le secret que l'on doit aux affaires d'État,
Et me vient d'envoyer un avis dont la suite
Vous réduit au parti d'une soudaine fuite.
Le fourbe qui longtemps a pu vous imposer   1835
Depuis une heure au Prince a su vous accuser,
Et remettre en ses mains, dans les traits qu'il vous jette,
D'un criminel d'État l'importante cassette
Dont, au mépris, dit-il, du devoir d'un sujet,
Vous avez conservé le coupable secret.   1840
J'ignore le détail du crime qu'on vous donne;
Mais un ordre est donné contre votre personne;
Et lui-même est chargé, pour mieux l'exécuter,
D'accompagner celui qui vous doit arrêter.

CLÉANTE

Voilà ses droits armés; et c'est par où le traître   1845
De vos biens qu'il prétend cherche à se rendre maître.

ORGON

L'homme, est, je vous l'avoue, un méchant animal !

VALÈRE

Le moindre amusement vous peut être fatal.
J'ai, pour vous emmener, mon carrosse à la porte,

SCENE VI

VALÈRE, ORGON, CLÉANTE, ELMIRE, MARIANE,

MADAME PERNELLE, DAMIS, DORINE

VALÈRE

Sir, though I hate to bring you more bad news,
Such is the danger that I cannot choose.
A friend who is extremely close to me
And knows my interest in your family   1830
Has, for my sake, presumed to violate
The secrecy that s due to things of state,
And sends me word that you are in a plight
From which your one salvation lies in flight.
That scoundrel who's imposed upon you so   1835
Denounced you to the King an hour ago
And, as supporting evidence, displayed
The strongbox of a certain renegade
Whose secret papers, so he testified,
You had disloyally agreed to hide.   1840
I don't know just what charges may be pressed,
But there's a warrant out for your arrest;
Tartuffe has been instructed, furthermore,
To guide the arresting officer to your door.

CLÉANTE

He's clearly done this to facilitate   1845
His seizure of your house and your estate.

ORGON

That man, I must say, is a vicious beast!

VALÈRE

Quick, Sir; you mustn't tarry in the least.
My carriage is outside, to take you hence;

Avec mille louis qu'ici je vous apporte.   1850
Ne perdons point de temps: le trait est foudroyant,
Et ce sont de ces coups que l'on pare en fuyant.
A vous mettre en lieu sûr je m'offre pour conduite,
Et veux accompagner jusqu'au bout votre fuite.

ORGON

Las! que ne dois-je point à vos soins obligeants !   1855
Pour vous en rendre grâce il faut un autre temps;
Et je demande au Ciel de m'être assez propice,
Pour reconnaître un jour ce généreux service.
Adieu : prenez le soin, vous autres...

CLÉANTE

                                        Allez tôt :
Nous songerons, mon frère, à faire ce qu'il faut.   1860

This thousand louis should cover all expense. 1850
Let's lose no time, or you shall be undone;
The sole defense, in this case, is to run.
I shall go with you all the way, and place you
In a safe refuge to which they'll never trace you.

ORGON

Alas, dear boy, I wish that I could show you 1855
My gratitude for everything I owe you.
But now is not the time; I pray the Lord
That I may live to give you your reward.
Farewell, my dears; be careful . . .

CLÉANTE
                    Brother, hurry.
We shall take care of things; you needn't worry. 1860

SCÈNE VII

L'EXEMPT, TARTUFFE,
VALÈRE, ORGON, ELMIRE, MARIANE, ETC.

TARTUFFE

Tout beau, Monsieur, tout beau, ne courez point si vite :
Vous n'irez pas fort loin pour trouver votre gîte,
Et de la part du Prince on vous fait prisonnier.

ORGON

Traître, tu me gardais ce trait pour le dernier;
C'est le coup, scélérat, par où tu m'expédies,   1865
Et voilà couronner toutes tes perfidies.

TARTUFFE

Vos injures n'ont rien à me pouvoir aigrir,
Et je suis pour le Ciel appris à tout souffrir.

CLÉANTE

La modération est grande, je l'avoue.

DAMIS

Comme du Ciel l'infâme impudemment se joue !   1870

TARTUFFE

Tous vos emportements ne sauraient m'émouvoir,
Et je ne songe à rien qu'à faire mon devoir.

MARIANE

Vous avez de ceci grande gloire à prétendre,
Et cet emploi pour vous est fort honnête à prendre.

TARTUFFE

Un emploi ne saurait être que glorieux,   1875
Quand il part du pouvoir qui m'envoie en ces lieux.

SCENE VII

THE OFFICER, TARTUFFE, VALÈRE, ORGON, ELMIRE, MARIANE,
MADAME PERNELLE, DORINE, CLÉANTE, DAMIS

TARTUFFE

Gently, Sir, gently; stay right where you are.
No need for haste; your lodging isn't far.
You're off to prison, by order of the Prince.

ORGON

This is the crowning blow, you wretch; and since
It means my total ruin and defeat,   1865
Your villainy is now at last complete.

TARTUFFE

You needn't try to provoke me; it's no use.
Those who serve Heaven must expect abuse.

CLÉANTE

You are indeed most patient, sweet, and blameless.

DORINE

How he exploits the name of Heaven! It's shameless.   1870

TARTUFFE

Your taunts and mockeries are all for naught;
To do my duty is my only thought.

MARIANE

Your love of duty is most meritorious,
And what you've done is little short of glorious.

TARTUFFE

All deeds are glorious, Madam, which obey   1875
The sovereign prince who sent me here today.

ORGON

Mais t'es-tu souvenu que ma main charitable,
Ingrat, t'a retiré d'un état misérable ?

TARTUFFE

Oui, je sais quels secours j'en ai pu recevoir;
Mais l'intérêt du Prince est mon premier devoir;   1880
De ce devoir sacré la juste violence
Étouffe dans mon cœur toute reconnaissance,
Et je sacrifierais à de si puissants nœuds
Ami, femme, parents, et moi-même avec eux.

ELMIRE

L'imposteur !

DORINE

            Comme il sait, de traîtresse manière,   1885
Se faire un beau manteau de tout ce qu'on révère !

CLÉANTE

Mais s'il est si parfait que vous le déclarez,
Ce zèle qui vous pousse et dont vous vous parez,
D'où vient que pour paraître il s'avise d'attendre
Qu'à poursuivre sa femme il ait su vous surprendre,   1890
Et que vous ne songez à l'aller dénoncer
Que lorsque son honneur l'oblige à vous chasser ?
Je ne vous parle point, pour devoir en distraire,
Du don de tout son bien qu'il venait de vous faire;
Mais le voulant traiter en coupable aujourd'hui,   1895
Pourquoi consentiez-vous à rien prendre de lui ?

TARTUFFE *(à l'Exempt.)*

Délivrez-moi, Monsieur, de la criaillerie,
Et daignez accomplir votre ordre, je vous prie.

L'EXEMPT

Oui, c'est trop demeurer sans doute à l'accomplir :
Votre bouche à propos m'invite à le remplir;   1900
Et pour l'exécuter, suivez-moi tout à l'heure
Dans la prison qu'on doit vous donner pour demeure.

ORGON

I rescued you when you were destitute,
Have you forgotten that, you thankless brute?

TARTUFFE

No, no, I well remember everything;
But my first duty is to serve my King.   1880
That obligation is so paramount
That other claims, beside it, do not count;
And for it I would sacrifice my wife,
My family, my friend, or my own life.

ELMIRE

Hypocrite!

DORINE

      All that we most revere, he uses   1885
To cloak his plots and camouflage his ruses.

CLÉANTE

If it is true that you are animated
By pure and loyal zeal, as you have stated,
Why was this zeal not roused until you'd sought
To make Orgon a cuckold, and been caught?   1890
Why weren't you moved to give your evidence
Until your outraged host had driven you hence?
I shan't say that the gift of all his treasure
Ought to have damped your zeal in any measure;
But if he is a traitor, as you declare.   1895
How could you condescend to be his heir?

TARTUFFE (*To the Officer:*)

Sir, spare me all this clamor; it's growing shrill.
Please carry out your orders, if you will.

OFFICER

Yes, I've delayed too long, Sir. Thank you kindly.
You're just the proper person to remind me.   1900
Come, you are off to join the other boarders
In the King's prison, according to his orders.

TARTUFFE

Qui ? moi, Monsieur ?

L'EXEMPT

Oui, vous.

TARTUFFE

                    Pourquoi donc la prison ?

L'EXEMPT

Ce n'est pas vous à qui j'en veux rendre raison.
(A Orgon.)
Remettez-vous, Monsieur, d'une alarme si chaude.   1905
Nous vivons sous un prince ennemi de la fraude,
Un prince dont les yeux se font jour dans les cœurs,
Et que ne peut tromper tout l'art des imposteurs.
D'un fin discernement sa grande âme pourvue
Sur les choses toujours jette une droite vue;   1910
Chez elle jamais rien ne surprend trop d'accès,
Et sa ferme raison ne tombe en nul excès.
Il donne aux gens de bien une gloire immortelle;
Mais sans aveuglement il fait briller ce zèle,
Et l'amour pour les vrais ne ferme point son cœur   1915
A tout ce que les faux doivent donner d'horreur.
Celui-ci n'était pas pour le pouvoir surprendre,
Et de pièges plus fins on le voit se défendre.
D'abord il a percé, par ses vives clartés,
Des replis de son cœur toutes les lâchetés.   1920'
Venant vous accuser, il s'est trahi lui-même,
Et par un juste trait de l'équité suprême
S'est découvert au Prince un fourbe renommé,
Dont sous un autre nom il était informé;
Et c'est un long détail d'actions toutes noires   1925
Dont on pourrait former des volumes d'histoires.
Ce monarque, en un mot, a vers vous détesté
Sa lâche ingratitude et sa déloyauté;
A ses autres horreurs il a joint cette suite,

TARTUFFE

Who? I, Sir?

OFFICER

Yes.

TARTUFFE

To prison? This can't be true!

OFFICER

I owe an explanation, but not to you.
(*To Orgon:*)
Sir, all is well; rest easy, and be grateful.   1905
We serve a Prince to whom all sham is hateful,
A Prince who sees into our inmost hearts,
And can't be fooled by any trickster's arts.
His royal soul, though generous and human,
Views all things with discernment and acumen;   1910
His sovereign reason is not lightly swayed,
And all his judgments are discreetly weighed.
He honors righteous men of every kind,
And yet his zeal for virtue is not blind,
Nor does his love of piety numb his wits   1915
And make him tolerant of hypocrites.
'Twas hardly likely that this man could cozen
A King who's foiled such liars by the dozen.
With one keen glance, the King perceived the whole
Perverseness and corruption of his soul,   1920
And thus high Heaven's justice was displayed:
Betraying you, the rogue stood self-betrayed.
The King soon recognized Tartuffe as one
Notorious by another name, who'd done
So many vicious crimes that one could fill   1925
Ten volumes with them, and be writing still.
But to be brief: our sovereign was appalled
By this man's treachery toward you, which he called
The last, worst villainy of a vile career,

Et ne m'a jusqu'ici soumis à sa conduite   1930
Que pour voir l'impudence aller jusques au bout,
Et vous faire par lui faire raison de tout.
Oui, de tous vos papiers, dont il se dit le maître,
Il veut qu'entre vos mains je dépouille le traître.
D'un souverain pouvoir, il brise les liens   1935
Du contrat qui lui fait un don de tous vos biens,
Et vous pardonne enfin cette offense secrète
Où vous a d'un ami fait tomber la retraite;
Et c'est le prix qu'il donne au zèle qu'autrefois
On vous vit témoigner en appuyant ses droits,   1940
Pour montrer que son cœur sait, quand moins on y pense,
D'une bonne action verser la récompense,
Que jamais le mérite avec lui ne perd rien,
Et que mieux que du mal il se souvient du bien.

DORINE

Que le Ciel soit loué !

MADAME PERNELLE

Maintenant je respire.   1945

ELMIRE

Favorable succès !

MARIANE

Qui l'aurait osé dire ?

ORGON *(à Tartuffe.)*

Hé bien ! te voilà, traître...

CLÉANTE

Ah ! mon frère, arrêtez,
Et ne descendez point à des indignités;
A son mauvais destin laissez un misérable,
Et ne vous joignez point au remords qui l'accable :   1950
Souhaitez bien plutôt que son cœur en ce jour
Au sein de la vertu fasse un heureux retour,
Qu'il corrige sa vie en détestant son vice
Et puisse du grand Prince adoucir la justice,

And bade me follow the impostor here   1930
To see how gross his impudence could be,
And force him to restore your property.
Your private papers, by the King's command,
I hereby seize and give into your hand.
The King, by royal order, invalidates   1935
The deed which gave this rascal your estates,
And pardons, furthermore, your grave offense
In harboring an exile's documents.
By these decrees, our Prince rewards you for
Your loyal deeds in the late civil war,   1940
And shows how heartfelt is his satisfaction
In recompensing any worthy action,
How much he prizes merit, and how he makes
More of men's virtues than of their mistakes.

DORINE

Heaven be praised!

MADAME PERNELLE
                    I breathe again, at last.   1945

ELMIRE

We're safe.

MARIANE
            I can't believe the danger's past.

ORGON *(To Tartuffe:)*
Well, traitor, now you see . . .

CLÉANTE
                        Ah, Brother, please,
Let's not descend to such indignities.
Leave the poor wretch to his unhappy fate,
And don't say anything to aggravate   1950
His present woes; but rather hope that he
Will soon embrace an honest piety,
And mend his ways, and by a true repentance
Move our just King to moderate his sentence.

Tandis qu'à sa bonté vous irez à genoux   1955
Rendre ce que demande un traitement si doux.

ORGON

Oui, c'est bien dit : allons à ses pieds avec joie
Nous louer des bontés que son cœur nous déploie.
Puis, acquittés un peu de ce premier devoir,
Aux justes soins d'un autre il nous faudra pourvoir,   1960
Et par un doux hymen couronner en Valère
La flamme d'un amant généreux et sincère.

Meanwhile, go kneel before your sovereign's throne   1955
And thank him for the mercies he has shown.

ORGON

Well said: let's go at once and, gladly kneeling,
Express the gratitude which all are feeling.
Then, when that first great duty has been done,
We'll turn with pleasure to a second one,   1960
And give Valère, whose love has proven so true,
The wedded happiness which is his due.

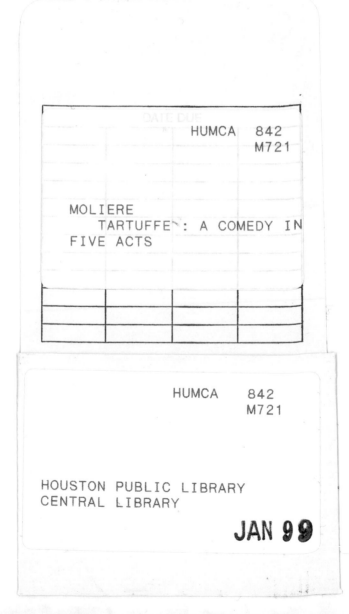